公益让广告收益更大

［美］伊多·塔沃里（Iddo Tavory）
［美］索尼娅·普雷拉特（Sonia Prelat）　著
［美］雪莉·罗恩（Shelly Ronen）

李　璟　译

中国科学技术出版社
·北　京·

Tangled Goods: The Practical Life of Pro Bono Advertising by Iddo Tavory, Sonia Prelat, and Shelly Ronen
Licensed by The University of Chicago Press, Chicago, Illinois, U.S.A.
Copyright © 2022 by The University of Chicago. All rights reserved. through CA-Link International LLC
Simplified Chinese edition copyright © 2022 China Science and Technology Press Co., Ltd.

北京市版权局著作权合同登记 图字：01-2023-1176。

图书在版编目（CIP）数据

公益让广告收益更大 /（美）伊多·塔沃里，（美）索尼娅·普雷拉特，（美）雪莉·罗恩著；李璟译. —北京：中国科学技术出版社，2024.1

书名原文：Tangled Goods: The Practical Life of Pro Bono Advertising

ISBN 978-7-5236-0060-3

Ⅰ.①公… Ⅱ.①伊… ②索… ③雪… ④李… Ⅲ.①社会福利事业—影响—广告业—经济收入—研究 Ⅳ.① F713.8

中国国家版本馆 CIP 数据核字（2023）第 067835 号

策划编辑	贾　佳　牛岚甲	责任编辑	刘　畅
封面设计	创研设	版式设计	蚂蚁设计
责任校对	吕传新	责任印制	李晓霖

出　　版	中国科学技术出版社
发　　行	中国科学技术出版社有限公司发行部
地　　址	北京市海淀区中关村南大街 16 号
邮　　编	100081
发行电话	010-62173865
传　　真	010-62173081
网　　址	http://www.cspbooks.com.cn

开　　本	880mm×1230mm　1/32
字　　数	200 千字
印　　张	8.5
版　　次	2024 年 1 月第 1 版
印　　次	2024 年 1 月第 1 次印刷
印　　刷	河北鹏润印刷有限公司
书　　号	ISBN 978-7-5236-0060-3/F·1147
定　　价	69.00 元

（凡购买本社图书，如有缺页、倒页、脱页者，本社发行部负责调换）

目录

第一章　为公益，而广告 / 001

　　广告业，在纽约 / 014
　　广告与企业社会责任 / 017
　　广告公司都在忙什么？/ 023
　　理论概述 / 025
　　本书脉络 / 037
　　善的纠缠 / 042

第二章　公益工作中的道德感 / 045

　　道德词汇：权力与救赎 / 050
　　有道德感的广告公司：三个案例 / 055
　　道德领域：浅谈二级企业社会责任 / 067
　　本章小结 / 073

第三章　出色工作，还是非异化劳动的馈赠 / 075

　　广告的创造性 / 079
　　追踪广告诞生始末 / 088

广告工作 / 096
本章小结 / 104

第四章　心照不宣：广告让你荣誉等身 / 107

广告界奖项 / 113
广告大奖和公益工作：公司组织与广告人 / 118
不战而胜：广告大奖与广告工作 / 126
广告大奖和道德感 / 131
本章小结 / 136

第五章　谋篇布局：压力山大的广告经理人和广告公司 / 139

公益广告：挑战与资源并肩 / 143
时间、经验和职业生涯管理 / 145
公益广告：企业社会责任、聘用和留住人才的工具 / 158
善的展示：先发制人 / 162
规划工作，卓有成效 / 169

第六章　善的引导：工作界限，善之桥梁 / 171

轻蔑之人：善的界限与污名化转移 / 174
警示故事：社会化的善之冲突 / 180
激情的模糊化 / 187
从道德到工作 / 190
模糊激情的出现 / 195

本章小结 / 199

第七章　善的评价：广告的衡量 / 203

"全世界最英雄的混蛋"公益广告 / 205
用量化方法衡量广告效果 / 213
衡量的诱惑：规模与节奏 / 215
衡量广告工作与道德性指标 / 219
没有问责制的广告衡量，不考虑结果的结果主义 / 224
本章小结 / 230

第八章　善的纠结与分离 / 233

善的语法，关联结构和层次分析 / 237
道德感、善的语法和公共领域 / 247
广告界之外：比较视角中的企业社会责任与善行 / 250
善之引导与实际企业社会责任 / 257

尾　声　方法说明 / 261

第一章

为公益，而广告

公益让广告收益更大

在一段广告中，一个海地人站在一个肮脏的小屋里，直视镜头，面带微笑地说："我的家太宽敞了，得用两个路由器才能保证每个房间都能连上网，真烦。"镜头画面一转，场景一换：在装修了一半的房子里，一个青年站在台阶上，身穿褪色T恤，说："我得为某个女佣开发票，但是女佣太多了，我都忘了她叫什么名字了，真烦。"广告还没完，众多海地人，还有一个放羊孩都在转发美国富人的推特（Twitter），文章标题是#第一世界问题①。这段视频结尾，出现了简单的一句话："#第一世界问题不是问题"，然后出现了孩子从水龙头接水喝的画面，并请求大家向名为"水即生命"（Water Is Life）的公益组织捐款。"水即生命"公益组织是一个为发展中国家提供干净饮用水的公益组织。该视频在2012年一经发布，就获得了700多万的点击量，迅速蹿红，实现广告业网络广告的数字梦想。英国《卫报》（*Guardian*）、美国有线电视新闻网（CNN）和其他主要新闻媒体都对该慈善公益活动进行了报道，广告界的两大出版物《广告时代》（*Ad Age*）和《广告周刊》（*Adweek*）对该广告赞不绝口，"水即生命"公益组织收到的捐款数也激增。

此次活动是无偿公益活动，幕后负责人分别是山姆（Sam）和弗兰克（Frank），他们就职于纽约最顶尖的广告公司之一恒

---

① 第一世界问题指微不足道的挫折、琐碎的烦心事和严重的社会问题形成鲜明对比。2012年，联合国儿童基金会在新西兰进行的第一世界问题的一项调查显示，"网速太慢"是最常见的第一世界问题。——译者注

第一章
为公益，而广告

美广告公司①，分别担任广告文案和艺术总监的职务。山姆和弗兰克决定要关注发展中国家的清洁水供应问题，于是找到了"水即生命"公益组织，并与其进行合作（如图1-1所示）。山姆和弗兰克带着一小队人，自己承担费用，去海地拍摄了这则公益

图1-1 "水即生命"公益广告②

---

① 恒美广告（DDB Worldwide）1949年成立于美国纽约，是一家世界顶级4A广告公司。DDB这三个字母分别为三位创始人Doyle、Dane、Bernbach的英文名首字母。其是传播公司Omnicom集团的子公司，在96个国家里设有206个分公司和办事处。——译者注
② 美国恒美广告公司为"水即生命"公益组织发起的"水即生命"公益活动中，其中包括上图为海地人拍摄的照片，与带有#第一世界问题标题的推特文章形成对比。图片中，小女孩手拿着一把锈迹斑斑、裂开的大镐头，图片右下方有一段文字写着："我不小心把柚子切歪了。"

公益让广告收益更大

广告，他们希望恒美广告公司以后可以报销这笔费用。他们得靠自己完成广告全程拍摄制作，所以山姆学会了录音。团队中还有恒美广告公司的创意总监门诺（Menno），他相信这次公益活动一定会取得成功，于是不久后就加入了山姆和弗兰克的拍摄队伍。

"水即生命"公益活动广告也不例外，成为该团队广告作品集的一部分，广告作品集好比广告人的简历。在纽约几家知名广告公司中，几乎所有的广告人都与公益组织有过合作，合作形式可以是无须付费的公益广告，也可以是最终降价结算广告费的广告，所以公益组织只需承担部分活动运营费。广告业经常会出现无偿广告服务，这一点与法律领域非常相似，甚至无偿服务在广告业出现的概率会更高。公益广告是广告工作中令人心潮澎湃的一部分（但有些情况除外）。那广告业为什么要做公益？广告业素以尖酸刻薄和残酷竞争而著称，同时广告人又会投入时间和精力"做善事"，那么被称为"资本主义女仆"的广告业为何要做公益事业？

本书包括了对纽约广告人的采访，其中包括广告首席执行官、广告策划人、负责广告项目的广告创意人。本书主要讲述了是什么吸引了广告人选择从事广告业，他们经历了何种挑战与压力。本书揭示了公益工作和广告业之间的矛盾与契合，以及公益广告如何缓解广告人在日常工作中所遇到的挫败与沮丧感。本书揭示并描述了许多内容，涉及公益事业、广告公司、广告人的道

第一章
为公益，而广告

德和广告界的经济动态，我们认为，广告界能够成功与公益组织互动。正如本书所述，通过对公认的有价值的事物的追求，广告人让公益事业拥有了实际意义。

本书并非单纯讲述好人好事的道德故事书。本书跟进的很多公益项目的开启都始于一个充满激情的人：一位自闭症孩子的父亲晚上在"自闭症之声"（Autism Speaks）公益组织工作；一位男子的父亲患有帕金森病，所以他全身心投入对帕金森病进行研究的迈克尔·J. 福克斯基金会（Michael J. Fox Foundation）。受访者的心情都会变得明快起来，因为他们认为公益工作让他们的人生变得更加自如，在日常生活、工作中也更能发挥创造力。正如本书所示，一些广告人把他们为公益组织所做的事，当作是一种美化他们在艺术和商业之间达成浮士德式交易①的方式。

尽管关注于某项事业是参与公益事业的一条途径，但许多公益活动的开始方式各不相同，如：董事会成员间相互推荐，使一位成员参与到某位董事所热衷的公益事业中；或者一位感到无聊的广告创意人想让工作变得更有趣，所以把广告与公益结合起来；又或者美国广告委员会（Advertisement Council of America）为其策划的公益广告寻求合作伙伴。

比如，虽然山姆和弗兰克进入广告业时，他们设想自己很快

---

① 浮士德式交易：是一种心理障碍，是一个人对一种看似最有价值的物质的盲目崇拜太大，从而使他失去了理解人生中其他有价值东西或精神的理由和机会。出现这种症状的人会永远沉浸在理念与结果的落差中，从而贬低他人。——译者注

公益让广告收益更大

就能进入电视台工作，制作鼓舞人心的广告活动，但他们的工作一直停留在制作横幅广告①：制作横幅式网络广告，在上面写上广告文本，插入广告图片，但横幅广告随处可见，毫无新意，他们所期望的工作不是这样的。正如弗兰克观察到的，"妈妈举办聚会时，绝对不会挂上横幅的标语，太老土了。"山姆和弗兰克需要想办法，让自己的工作变得有趣。而在如今的广告界，想要工作有趣，就要寻找公益组织。

山姆和弗兰克并没有对某一具体领域很感兴趣，所以只能找"热点"，于是他们找到了蓬勃发展的、受人关注的公益组织。他们反复衡量最终确定了水资源这一主题。正如弗兰克所说，他在寻找合适的公益主题过程中"掺杂了一点小心思"，全世界有很多水资源主题的慈善组织，即使一家组织拒绝了他们，也可以"扭头去找下一家"。山姆和弗兰克还想到一个主意：举办"纽约最脏水"公益活动，他们在纽约漏水水管旁放置饮水机，邀请纽约人喝脏水，以此形式把城市充足洁净水的现状与发展中国家水匮乏的情形对比。接下来，山姆和弗兰克只需找到一个愿意跟他们合作的公益组织。他们在谷歌上搜索了不同的公益组织，然后

---

① 横幅广告（Banner Ad.）是网络广告最早采用的形式，也是最常见的形式。横幅广告又称旗帜广告，它是横跨于网页上的矩形公告牌，当用户点击这些横幅的时候，通常可以链接到广告主的网页。——译者注

第一章
为公益，而广告

给他们打电话，"我们刚开始打'冷电话'[1]，我们可能与三四个不同的组织沟通过，就我们的想法进行简明扼要的沟通，同时，我会讲明白'这部分是我们已经进行中的工作，那些是我们计划要做的工作'。我记得，当时联系的最后一家公益组织就是'水即生命'"，山姆说。

如果山姆和弗兰克不是为了（至少刚开始不是）公益事业而参与其中，那他们的目的是什么呢？弗兰克说过"所有的妈妈"都不会在聚会时挂出横幅，从这一点可以看到弗兰克对这件事的理解。像许多笑话曾经是严肃的说教一样，公益事业曾是严肃的事情。恒美广告公司的首席创意官（CCO）马特·伊斯特伍德（Matt Eastwood）鼓励山姆和弗兰克追寻他们能做的事情：

> 它可以不是一个公益组织，可以是一个类似家庭纽带的东西，我的意思是，公益事业基本上算得上属于一种比较聪明的走上"通往戛纳之路"的方式。并且，年度最佳广告可以获得公司提供的法国之旅。我们坦率地说出了我们这样做的原因，与此同时，还有一点，我们想为社会做点事。同时，许多广告人参与公益事业也许是为了发挥自己的创造

---

[1] 冷电话（Cold Call）通常指第一次主动给从未谋面的人打电话。比如销售人员给可能的目标客户打电话借此探索商机，或者求职者向雇主自荐，都可以称为 Cold Call。实际使用中，未经事先预约的初次登门拜访也可以称为 Cold Call。——译者注

公益让广告收益更大

力,或者为了获得广告大奖。所以,我们对于可以获得的好处进行了开诚布公的交谈。

正如弗兰克所说,公益工作可以让他有机会自由创作,还能借此获得国际知名广告奖,这与纯粹从事高尚事业所获得的道德荣誉感截然不同。参与公益事业是让工作变得有趣的机会,让工作重心偏向创造力和艺术。

伊斯特伍德认为做公益广告的终点是戛纳:戛纳国际创意节(Cannes Lions)是法国戛纳的广告节,也是广告界各奖项活动中最负盛名的活动,活动上聚集了来自世界各地一万多名广告人。每年六月,人们来到这里,他们在这里待一个星期,欣赏作品、呈现作品。戛纳国际创意节与著名的戛纳国际电影节相对应,前者见证了广告界声望荣誉的走向。在五花八门的广告作品中,最佳作品可获得戛纳狮像奖。戛纳狮像奖相当于广告业界的奥斯卡。但几乎没有横幅广告可以获得戛纳狮像奖。

克莉斯汀(Kristine)是"水即生命"公益组织主席,与克莉斯汀交谈时,弗兰克坦白讲了他参与公益事业的动机,他表示他愿意参与其中发挥作用,除此之外,还能创作出有趣的广告作品,或许还可以借此让自己名声大噪。克莉斯汀同意了他们的想法,于是他们共同开展了名为"纽约最脏水"的公益活动。弗兰克与克莉斯汀现在回想起来,他们当时都觉得这个公益项目并不是特别有创意,也不会一鸣惊人。然而该活动非常精彩,博得了

第一章
为公益，而广告

公众的注意。商业杂志《快公司》①（Fast Company）在对克莉斯汀的访谈中写道："她热爱让世界变得更美好的事业，这是从只宣传商品的广告中脱颖而出的创意。"克莉斯汀在访谈期间提到，"纽约最脏水"公益活动成本不到800美元，这样的金额在广告界根本不值一提。这次活动大获成功后，克莉斯汀问弗兰克团队是否想来海地，为她的下一项公益事业助力。所以弗兰克团队带着"第一世界问题"的点子，乘飞机去了海地。

　　道德感、创造力、荣誉名声，这些好处激励着受访者思考什么是好的公益活动，哪些公益活动值得一做。这些不同的好处吸引着广告专业人士投身这类项目，但还有其他更实际、更直接的方式，让受访者感到公益工作是有价值的。创意总监门诺曾在海地为山姆和弗兰克举着反光板，当他回忆这次的"第一世界问题"活动时，他的感受不太一样，他感觉自己与该公益项目建立了更深层的联系，原因不仅在于公益活动中包含那些触动人心的道德观念，还由于他见证了公益工作所获得的最终成果。

　　　　广告公司的工作有时就是销售。可以理解吗？但是，当
　　　　我们参与慈善公益事业时，我们会削减原本丰厚的利润。广
　　　　告创意人为公益事业策划广告，找出广告的焦点，然后自己
　　　　做调查研究，找出广告要传递的信息。广告业有一个内在的

---

① 《快公司》，美国商业月刊，以纸质和网络形式出版，主要内容关注技术、商业和设计等领域。——译者注

公益让广告收益更大

优点，那便是广告业逐渐划分出分工：对接客户人员、提出想法人员、执行想法人员、广告执行人员。而公益广告则略有不同，其常常为广告人提供机会，让他们可以负责广告制作全过程。

公益广告让广告人得以绕过审批，抛开上级指挥带来的拘束，让广告人拥有完全自主权，让他们放手去做，发挥创意。山姆、弗兰克和门诺三人想出广告点子、与客户沟通交流、创新广告方法、甚至还自己拍摄了广告。换句话说，这个广告作品完全属于他们，完全按他们的想法推进，而这些在公益工作之外的广告工作中几乎不会发生。在广告公司的不同部门，这些任务被分得很细，所有参与其中的人都会觉得自己的想法和努力在实施过程中受到了破坏，创意人员完全掌控了其他人的工作。

广告业好比一座底部宽，顶部窄的金字塔，只有少数人能站上塔尖。在广告业成名可以为你带来六位数薪水和创意活动策划的机会。因此，戛纳国际创意节不仅是广告作品的封神时刻，戛纳狮像奖还可以为你的职业发展铺路。参与过公益活动，并因此获奖的广告人再也不用做横幅广告，山姆和弗兰克也不例外。弗兰克和山姆在恒美广告公司得到职位晋升，后来，他们一起去了另一家名声斐然的广告公司，在新东家，他们继续与"水即生命"公益组织合作，拿了更多奖，在广告界名声大噪。正如他们最初期待的那样，"水即生命"公益组织使他们不论在经济水平

第一章 为公益，而广告

方面，还是专业水平方面都得到了很大的提升。

在《赫芬顿邮报》（*Huffington Post*）、《卫报》《商业内幕》（*Business Insider*）和美国有线电视新闻网的文章中，关于奖项和创意的问题、劳动和职业的问题统统消失不见了。除去这些因素，人们只从道德的角度来讨论这场运动。难道是山姆、弗兰克和门诺三人团队误解了推特的标题吗？难道他们把一个讽刺的标题当作了需要认真对待的事情？"第一世界问题"难道真的不是问题吗？"第三世界"的人不是也有一些琐碎的小问题吗？尽管这些问题微不足道，但都是真实存在的。虽然对这些问题的讨论出于善意，但山姆团队认为，鼓励广告人从事公益活动主要是为了让广告人成为追求公益事业的道德典范。

被简化的善和交织的善之间的张力不仅见于媒体的报道中，在本书对广告人采访中也有所体现。即使受访者在深入讨论创造力和奖项时，他们中的一些人还是表达了自己与业内其他广告人不同的观点，即他们是出于"正确"原因（即道德原因）而从事公益工作。采访中广告人经常谈到不同的善良品质。伊斯特伍德在媒体访谈中表示，他只关注道德感层面，在本书对他的采访中，这一点更为明显。我们问伊斯特伍德为什么鼓励在他手下工作的广告人寻找机会做公益广告，他第一个提到的因素是道德动力。他说，"作为人类，我们的义务就是运用我们的技能去帮助他人，运用我们的技能做好事，还有，你要明白，不能只为金钱利益而做广告。"

公益让广告收益更大

但对于随后采访中谈到的道德感,伊斯特伍德承认参与公益事业还有其他考虑因素,这些因素中不仅强调创意,他还说:"参加公益活动可以让广告人在处理日常商业任务时变得更敏锐。从纯粹创意角度而言,广告人在大型跨国广告公司工作或全球知名品牌公司工作时,会面临一些非常艰难的挑战,而从事更人性化的公益事业与大型公司的工作恰好相反,公益事业有助于创造性思维发展。举个例子,某一天,某广告人要为奇巧巧克力(Kit Kat)策划广告,这是一次很不错的体验,也是一个有趣的挑战,但在第二天,这位广告人就要动脑筋想他应如何策划'黑人的命也是命'或'水即生命'公益活动,这样的活动策划对于广告人而言,与他之前的工作反差很大,是个脑力活。所以,我一直尝试让广告人去做类似这种反差很大的事情,如此一来,可以唤醒大脑,让大脑保持活力。"

我忍不住这样想:谈论道德感是谈论"真正"商业和职业发展的虚伪表面,也就是说,广告业是资本主义的女仆,它最终会揭去面纱,露出剥削的真面目。但这样的看法同样存在问题,不仅因为世界更复杂,不可能非黑即白。相反,要理解公益广告的成功和失败之处,就要明白,善的不同概念如何交织在一起,如何瓦解、变得模糊,然后清晰起来,还需明白在不同时期,对善的不同理解是如何出现的。

如果我们纵观全局,也许可以得到一点线索。海地之行改变了弗兰克和门诺对公益事业的看法。弗兰克和门诺赢得大奖,事

第一章
为公益，而广告

业获得成功，也许他们一开始投身水资源公益事业只是碰巧。但在此后很长一段时间内，他们继续与"水即生命"公益组织有着合作关系，后来又为该组织做了六次广告活动，巩固了彼此的合作关系。山姆团队曾乘飞机前往肯尼亚、埃塞俄比亚和泰国。他们还与化学家合作，并出了一本书，该书讲述了人们如何负担起水的净化系统。即使他们仍会因从事公益广告事业获奖而感到高兴，即获得更多的戛纳国际创意节奖，其中还不乏引人羡慕的戛纳金狮奖，为他们的广告作品集锦上添花，但他们与公益组织以及公益事业的关系发生了变化。他们的追求不再是寻求大众对其创造力的认可，而是开始全心全意支持公益事业。

然后，不同的商品以令人眼花缭乱的方式聚集在一起，又以高度图案化的方式分开。与山姆和弗兰克相似的广告人在其工作中找到意义，在其中建立自己的道德立场，他们在所在的公司获得认可，获得成功。本书开篇展示了又成功又包含了不同的善的公益项目，接下来本书还会包括一些陷入困境，最终并未拥有更加完美的善的公益项目。对负责项目执行的广告人、负责监管的广告公司或更广泛的广告界而言，本书通过探讨他们所谓的未成功的公益项目来对这些善的出现方式与广告人如何妥协各种善的冲突一探究竟。本书主要讲述了善之间的关系，即善与广告工作过程、道德感、不同社会组织和广告界之间发生交叉时，如何理解它们的关系。

这些事物之间的关系是文化社会学和行动理论的普遍核心问

> 公益让广告收益更大

题,因此这些案例就显得非常重要。广告人在包括日常工作实践的全程都履行着企业社会责任(CSR),批评者常将企业社会责任描述为当代资本主义的特征。本书将带你理解广告人重新塑造世界的方式,还有更重要的一点,广告界如何维持和引导广告人的行为。

广告业,在纽约

在美国,广告无处不在,广告以各种各样的形式频繁地出现在人们的日常生活:家里的物品和办公室里的用品外皮是广告包装,收音机播放着广告,电视机中出现广告画面,邮箱里塞满了广告目录和广告小册子。公共空间也充斥着广告:在公共交通工具上贴的广告一闪而过,高速公路上的广告牌在眼前快速闪过,包括在网上冲浪时还会出现广告弹窗。广告要抓住我们的注意力,刺激我们消费特定商品或购买特定服务,在当代,注意力是人人渴望又争先恐后抢夺的资源。

除此之外,广告还向公众传达着政治、公民或社会领域的重要信息,也就是说,包括政府和非政府组织也争相吸引公众注意力。广告帮助公司促销商品,增加服务需求,拉动对于免费网络服务至关重要的线上获利。同时,广告还是促进消费资本主义的关键驱动因素。鉴于广告的这些作用,美国在全球广告支出排行

第一章
为公益，而广告

榜上位居榜首也不足为奇。2018 年，美国广告业及广告业相关服务收入约为 1180 亿美元。2015 年至 2018 年，美国广告支出总额从 1836 亿美元飙升到 2237 亿美元。简言之，广告是一个大生意，是创意经济[①]增长的主要引擎之一。与大多数创意经济一样，广告业长期以来在纽约经济发展中有着特殊的地位。20 世纪初，有 25 家广告公司的总部驻扎在纽约，与此同时，广告公司数量迅速增长。几家世界著名的广告公司都成立于纽约，其中包括乔治·巴顿广告公司（George Batten Company）与拜顿、杜斯廷和奥斯本公司（Barton、Durstine & Osborn）合并为天联广告公司，即 BBDO[②] 环球网络公司。麦肯公司（McCann）和埃里克森公司（Erickson）合并为麦肯世界集团（McCann Erickson Worldwide）。

在广告公司后来的转型过程中，纽约发挥了重要作用。麦肯世界集团收购其他广告公司后，建立了母公司埃培智集团[③]（Interpublic Group，IPG）。1986 年，奥姆尼康集团（宏盟集团，Omnicom）在纽约成立。

---

① 创意经济：创意经济是创意、创意人群、创意活动、创意产业的统称，其核心是创意产业。创意经济是当今世界发达国家和地区进入后工业化社会以来，在现代城市广泛存在的一种重要的新经济形态。——译者注
② BBDO 环球网络公司是世界排名第一的广告公司，隶属于全球最大的传播集团 Omnicom 集团（奥姆尼康集团，又译宏盟集团）。其在全球有 323 家分公司遍布 77 个国家，雇员超过 17000 人，年营业额高达 149 亿美元。——译者注
③ 埃培智集团是全球商业传播的领导者。业务范围包括广告、直效行销、市场研究、公关、健康咨询、会议与活动、媒体专业服务、体育行销、促销、企业形象策略等。——译者注

公益让广告收益更大

广告界开始发生广泛的权力整合,埃培智集团和奥姆尼康集团分别成为大型控股公司就是权力整合的案例之一。如今,全球广告业由少数几个公司集团主导,这些公司集团旗下有众多广告公司,并且还在不断寻找和收购冉冉升起的广告界新星。广告界四大控股公司中,最大的是英国 WPP 集团[①],WPP 集团的业务活动覆盖 112 个国家,聘用员工超过 13 万人,2019 年收入达 168.6 亿美元。其次是奥姆尼康集团,奥姆尼康集团在全球 100 多个国家拥有 1500 多家广告公司。然后是法国阳狮集团(French Publicis Groupe),法国阳狮集团在 100 多个国家设有广告公司,2019 年收入 79.8 亿美元。最后是埃培智集团,该集团在 2019 年前三季度收入达 73.2 亿美元。

纽约在广告业生态中有着特殊地位。截至 2017 年,纽约拥有 1300 多家广告公司,员工人数超过 4.7 万人,约占美国广告业所有在职专业人员的 22%。文化产业是美国重要的经济支柱之一,在纽约体量巨大的文化产业和创意经济中,广告仅次于电影和电视,成为美国文化产业的关键部分。

---

① WPP 集团是世界上最大的传播集团,总部位于英国伦敦,WPP 集团拥有 60 多个子公司,包括奥美、智威汤逊、群邑集团、伟门公司、扬罗必凯广告公司、伟达公共关系顾问公司等业界领先的品牌,主要服务于本地、跨国及环球客户,提供广告和医疗及制药专业传播等服务。——译者注

第一章
为公益，而广告

广告与企业社会责任

　　一直以来，广告与社会之间的关系并不稳定，变化多端。虽然广告一直以来是市场资本主义的重要分支，但广告一直以来也与政府宣传和慈善事业有着密切联系，在美国尤其如此。在美国，广告在很早以前就在政府宣传和公民使命中发挥着作用。美国战时广告委员会（The War Advertising Council）成立于1942年2月5日，珍珠港事件后，美国战时广告委员会希望广告界可以充当政府喉舌，配合战争需要。随后，美国战时广告委员会的使命很快超越了战争。1949年，美国战时广告委员会发布其使命是："广告业是伟大的行业，以科学原则管理，以道德目标为指导，有能力为国家做出重大贡献。"

　　在美国战时广告委员会的早期作品中，即使是关于公德的广告，也仍以爱国主义精神为其特点，其1942年拍的防森林大火广告以轴心国站在熊熊大火旁无动于衷为特点。两年后，该广告变换重点，变为黑熊斯莫奇[①]（Smokey Bear），而现在，黑熊斯莫奇成为提醒人们森林火灾危险的标志性角色。1946年，美国战时广告委员会将其名称中的"战时"一词删除，更名为美国广告委员会，一直延续至今。美国广告委员会的宗旨是"制作、发布和

---

① 美国95%的成年人和77%的儿童都知道黑熊斯莫奇和它那充满智慧的名言："只有你才能预防森林火灾。""黑熊斯莫奇预防森林火灾运动"始于1944年，其持续时间之长，知名度之大，在公益广告运动史上尚属罕见。——译者注

公益让广告收益更大

推广公益广告"。

然而，公益曾经不是，现在仍然不是广告的典型特征。在"二战"战后时代，广告在发展和传播充满欢乐的消费生活方式方面发挥了至关重要的作用。早在20世纪50年代，广告业因利用消费者心态操纵消费者而备受谴责，因此当时广告代表了愚蠢无脑的消费，服务于冷酷无情的资本主义谋利动机。罗伯特·弗朗西斯·肯尼迪（Robert F. Kennedy）在1968年竞选美国总统时，谴责美国的国民生产总值中包括了"空气污染和香烟广告"的那部分，因为其中没有让美国人"为自己是美国人引以为豪"的其他经济因素。在迈克尔·舒德森（Michael Schudson）的广告经典研究中，他将消费社会更详细地描述为："人的价值观遭到严重扭曲，以至于商品比人更重要……"人们牺牲他人，只为积累财富，消费文化的参与者被视为庸俗之人，他们贪得无厌，奋力往上爬，他们长时间工作存钱只为满足其买得起下一个名牌物品的渴望。下一个消费品可以是立体声音响、家用电脑、食品加工器、录像机。在贪得无厌的消费过程中，人性特质退化了，人们的价值观在某种意义上消失殆尽。

舒德森激烈批评广告业，他认为广告和人类价值观之间是对立存在关系。广告业在追求利润的过程中，把消费变成美德，在资本主义形成晚期发挥了重要作用。

然而，广告业与公民社会相关联的部分一直存在，从未消

第一章
为公益，而广告

失。虽然公民社会在广告业中可能是一个相对无关紧要的成分，但美国广告委员会还是继续为公民社会制作公益广告，如地球日专题公益广告，流泪的印第安人公益广告，或侦探狗麦克格拉夫①公益广告。早期的公益广告为广告公司履行企业社会责任的特殊形式打下了基础。

当然，企业社会责任一词并非首见于广告业，在20世纪的50年代中期、60年代和70年代发生的消费者保护运动推动了企业社会责任的发展。虽然早有声音呼吁企业要担负道德责任，但这一时期新自由主义的兴起让广告公司在企业社会责任方面有了前所未有的影响力。广告业在获得更多影响力的同时，也受到了越来越多的审查，被公众要求为其行为负责。美国总统里根施行的社会福利紧缩政策对企业社会责任的发展同样至关重要，公共服务日益私有化，全球生产链中环保意识和防止劳动力滥用的意识萌芽。越来越多的人对公司的道德行为产生怀疑。因此，企业社会责任对企业扩大其权利范围造成挑战。企业必须担心其道德底线，因为公众要求企业承担其社会责任，所以企业必须将其商业行为的道德层面纳入企业社会责任的考虑范围内。企业社会责任代表了"第三条道路"，也就是说，资本主义可以借企业社会责任既谋利润又做好事。

---

① 侦探狗麦克格拉夫（McGruff the Crime Dog）是一个虚拟的卡通猎犬形象，由美国国家犯罪预防委员会制作，以供警察在建立儿童预防犯罪意识时使用。——译者注

> 公益让广告收益更大

谋利润和做好事之间的关系被称为"双重底线",这也是如今我们理解企业社会责任的核心。最初,企业社会责任是为了批评企业,让企业对其行为负责,而现在的企业社会责任中包含现代企业对自我的认识。正如社会学家艾米丽·巴曼(Emily Barman)所指出的,这种"关怀型资本主义"(caring capitalism)让企业社会责任不再是对企业进行批评,而是让企业自我认同,让企业充分利用该机会,调节企业组织。由此看来,企业社会责任不仅是企业用于"粉饰账面"的一种形式,也是一种实践活动,得以让企业精英通过承担社会责任以发挥作用和实现价值。

考虑到企业社会责任的重要性,在过去的二十年中出现了大量关于企业社会责任的文献,试图更具体地描绘对企业社会责任起作用的本土决定因素,并追踪企业社会责任对企业和各类组织的影响。除了追溯企业社会责任在现代政治经济学中的地位外,这类文献还试图揭示企业社会责任成功实践与无数环境因素之间的联系,其中环境因素包括了国家背景、企业规模、监管制度、国家结构和全球压力等。另一类文献作为宏观层面研究方法补充,主要关注个人动机和构建意义过程,这两部分提高了企业实现企业社会责任的概率,这些文献研究人员大多从价值观体系和个体行为者尝试构建意义的视角看待企业的社会责任。

即使这些研究让我们可以了解企业社会责任在全球范围的

第一章
为公益，而广告

变化，但它们忽略了其中一个重要方面：企业社会责任是实践活动，其描述层面和实际层面都是实践活动。如果研究者想要更好地理解企业如今所选择的那些五花八门的企业社会责任，那么从实际角度思考尤为重要。毕竟，正如许多研究者指出，企业社会责任的概念描述与企业的实际行为完全脱节。那么，具体形式的企业社会责任如何与特定的工作模式产生交集呢？

本书谈到了关于广告业特殊形式的企业社会责任，即为公益组织提供无偿工作，很多广告企业会设立负责企业社会责任的单独部门。例如，广告公司联合银行派出一部分人，资助"全球南方①"某个适合拍照的地方的教育事业。一些广告公司则以创新方式，利用专业广告知识履行企业社会责任。比如，壳牌公司或英国石油公司这样的公司努力发展可再生能源项目，作为其履行企业社会责任的方式，壳牌公司设立了减少化石燃料领域投资的部门，英国石油公司则设立了为解决气候危机而努力的部门。但是在广告界，就像在法律界一样，公益工作实则是一种交易，有权之人和无权之人各取所需。换句话说，公益组织通过向不同的客户和不同的项目提供现有的专业知识的方式，作为履行企业社

---

① 正式提出"南方"概念的是意大利共产党创始人之一、马克思主义哲学家安东尼奥·葛兰西。1926 年，他在《南方问题的某些方面》中提到，意大利北方的资本家同时控制着北方工人阶级和南方农民阶层，并将意大利南方作为可剥削的殖民地。20 世纪 50、60 年代，"北方""南方"成为国际政治语言。一些曾沦为殖民地的发展中国家开始明确使用"全球南方"来表明其与"北方"工业化国家之间存在利益冲突。"全球南方"一般指社会经济欠发达国家。——译者注

> 公益让广告收益更大

责任的一种形式。

从技术层面上讲,公益工作是指个人或企业"提供其职业工作类型中所包含的技能或服务,而接受这些技能或服务的公益组织或客户无须为此付费。"由于广告产品在公益组织中已经有了市场,随着广告业务的扩展,一些广告公司开始和一些公益组织进行合作,比如20世纪90年代,美国广告委员会制作的公益广告数量逐渐增多,这让公益广告几乎成为当时广告业务常规工作的一部分。

本书介绍的几大广告业全球控股公司明确提出,公益工作是企业社会责任项目的重要组成部分。根据一份名为《企业社会责任:最佳实践》(*CSR: Best Practices*)的文件,仅在2013年,WPP集团就开展了300多次公益广告活动。根据WPP集团的估计,仅在2009年,该公司通过谈判达成了价值5520万美元的公益业务,这是当时份额最大的企业社会责任活动,远远超过其他公司的公益服务倡议。在奥姆尼康企业社会责任报告的第一页,其首席执行官就对该公司的公益工作大肆鼓吹。埃培智集团甚至创办了一份名为《更强》(*Stronger*)的内部刊物,主要刊登"来自公益和可持续发展客户的广告"。

简言之,广告业已经被卷入了充满企业社会责任的美丽新世界。考虑到广告业的历史、广告业的特殊产出,以及广告所吸引的公众关注,制作公益广告是广告业履行企业社会责任的主要形式。然而,如果我们要把公益广告理解为一种特殊的社会责任形式,那就需了解广告的实际工作过程。

第一章
为公益，而广告

广告公司都在忙什么？

不同类型的广告公司所做的事情也非常不同。我们访问过的广告公司类型多样，有几个广告人组成的小而精的广告公司，也有拥有一万多名员工的大型跨国广告公司。在小型公司，经理和普通员工的主要工作是在进行网页宣传时凸显公司的专业程度。在我们走访的广告公司里，有一些广告公司在不起眼的大楼里，办公区域只有几个房间，而其他一些广告公司则在曼哈顿中城或金融区的高楼大厦里，周边还有咖啡馆（店里还配有咖啡师）、台球馆和其他类似高科技行业福利的存在。我们走访的广告公司中有独立的广告公司，但大部分还是几大广告控股公司旗下的分公司。

这些广告公司内部分工的差异：小而精的广告公司中，劳动分工并不严格。尽管如此，在各个广告公司中，广告业专业结构的轮廓大致都可辨认。从实际工作角度来看，"广告"不是一个单一的职业，不同的分工之间存在共同之处，在广告公司内有着彼此相关联的一组职业。这一点与戏剧很像：戏剧包括演员、导演、引座员和舞台工作人员。广告人从事的工作形式也不一样，这有助于我们理解广告人对其提供服务的商业广告和公益广告等不同广告的工作形式。

随着新科技、新技术和公司新结构的出现，这些年来，广告制作的劳动过程发生了变化。首先，电视时代改变了广告业，后

> 公益让广告收益更大

来互联网取代电视，互联网时代再次改变了广告业，美国的广告业所得收入超过了任何其他媒体收入，尽管如此，广告界一些基本的职业边界和岗位权限仍保持相对稳定。比如，广告界的基本分类是客户经理和广告创意人。理想情况下，客户经理代表广告公司客户的利益，他们与客户密切合作，关注客户的商业需要，而非广告实施的具体形式。广告创意人是艺术总指导，负责广告的视觉语言，负责文本的是广告撰稿人。自20世纪60年代以来，在大多数广告公司，广告创意人和广告撰稿人属于同一个创意团队。

除了广告创意人和广告撰稿人，广告业职业出现了进一步划分，包括了广告业务策划（AP，又称为广告策划人）。广告策划人出现在20世纪60年代的英国，然后在20世纪80年代出现在了美国和世界各国的广告界中。广告策划人是位于广告创意人和广告撰稿人中间的职业，有着双重责任。首先，广告策划人在广告公司应该既是"客户专家"，又是"文化专家"，也就是说，他们是知识专家，他们的工作就是了解客户，关注更大范围文化环境内发生的事情，以及品牌如何应对消费者带来的挑战。因此，广告策划人要进行研究，制订出"工作简报"，也就是对创意团队制订的广告活动大意的阐述。

总体而言，这本书遵循了以上的职业划分。一些研究表示，以上职业中的每一个职业划分都有自己的管辖范围，同样也有各自需要面对的挑战。但这些广告公司的层级结构补充了这些职业划分的横向区别。从最广范围来看,广告界似乎有着数不清的副总裁、高级副总裁和执行副总裁。在广告公司内,每一个不同的职业都有自己的层级结构:客户经理可以变成集团客户经理,有首席执行官还有其他管理层岗位,高级广告创意人可以变成创意总监,集团创意总监,还有创意执行官。策划人、创意人和客户经理各不相同,而且在不同的公司组织,管理头衔各不相同。在有五十个员工的广告公司里担任副总裁,与在拥有五千到一万人的广告公司担任副总裁之间存在天壤之别。还有,管理层与公司高层之间的地位差别是有作用的:比如,在本书后面会涉及,管理层必须考虑到公益项目的各个层面。本书后面的章节将对这部分内容进行说明。

理论概述

本书重点关注了公益广告作为广告业企业社会责任的一种特别形式的日常工作,追溯不同模式公益活动之间的复杂关系,并理解复杂关系的根源所在。但进行资料研究时,我们意识到回答我们所面临的经验难题会导致更加广泛的问题:这些问题有关道德、文化,以及政治经济学和现实生活。那在现实生活中,"善"的意义是什么?参与公益项目的人认为公益项目融合了自由市场经济,进而席卷了整个商界,从他们的观点中,我们

公益让广告收益更大

能了解到什么？

　　在哲学家查尔斯·泰勒（Charles Taylor）所写的《自我的来源》(*Sources of the Self*) 一书中，有一张图谱作为对道德思考和自我思考的隐喻。当我们克服人生中的困难时，一些画面会与世俗背景形成鲜明对比，而我们根据背景定位自己，理解自己的身份。这样的比喻很有吸引力，我们可以想象自己行走于荒野之中，不时抬眼观望，看看距离自己想象的美好生活还有多远、看看我们与自己想成为的人还有多远。但是，我们如何看待"水即生命"公益活动中善的多样性呢？善真的就是拯救灵魂吗？如果某人一生都试图说服他人买另一个品牌的洗发水，善就被玷污了吗？善是发挥创造力吗，能暂时平衡商业与艺术吗？善是异化劳动的调解方式吗？或者善可以引导我们走向戛纳，得到令人垂涎的戛纳狮像奖，获得由奖杯带来的声望。

　　图谱的隐喻不起作用了。如果我们试图继续使用图谱隐喻作用，就必须考虑到图谱的多样性，也就是善的品质的多样性。也许，在没有PPT演示文稿的时代，我们可以想象一堆透明胶片堆叠在一起。图谱是已经过时的比喻，并可能因此产生误导。我们尚不清楚，支撑创造力的各种假设能否简单地概括为道德行为，而在职业生涯中，广告人通过广告活动与客户建立的亲密关系，其中广告人对于善的内涵有着不同的看法，这些看法影响着什么种类的善会"掺杂在一起"？

　　从马克斯·韦伯（Max Weber）开始，我们要定义现代世界

第一章 为公益，而广告

的"价值多神论"。相对于善只有一种图谱的简单时代（也有可能是虚构的时代），我们要明白，我们在特定时刻位于哪幅图谱中，我们的时代被划分为不同领域，比如，所有生活在世界上的人能感到自己受制于多种价值观之间的争夺，而每一种价值观都向他施加了某种义务，所以人们必须选择愿意服从于哪种价值观，愿意侍奉哪位神，何时侍奉这位神，何时又该遵从另一种价值观，侍奉另一位神。这种"价值多神论"的观点表达方式各不相同，并未把文化看作支持某种特定善的一组连贯的假设。我们设想这样一种世界：全世界各种不同行为方式彼此争夺，争先创造意义，争先创造不同的行为模式、不同的话语或不同的逻辑。

这些理论的存在表明我们不是多元价值观的第一批探索者。在过去的几十年中，许多有影响力的社会研究者都在努力解决善的多样性问题，这些研究者包括了对艺术多种评估模式感兴趣的社会学家，以及对经济生活中各种善形成的复杂组合或对现代"善"文化的产生感兴趣的研究者。

在这些研究中，有两个围绕着善的"价值多神论"的问题的研究尤为突出。首先，在博尔坦斯基（Boltanski）和泰维诺（Thévenot）的著作《论正当性》（*On Justification*）中，衍生出了善的多样性的假设，在善的世界中，善的中心是有组织的意义群集，同时善的践行者都发挥着作用。从交流争论的时刻开始，也就是人们必须为自己的行为进行辩护，他们的观点展示了历史上出现过的"善"或"价值"的辩护力量，每个组织的表述中不只

> 公益让广告收益更大

有善的具体含义和概念（例如，创造性灵感，公民责任和行业），还有完整的话语体系。换言之，每一种价值体系都包含了各自体系内对于有价值和无价值的假设，包含了我们身边的理想客体和理想主体，包含了哪些属于证据，哪些测试可以让行为者证明其行为的合法性。

虽然这一系列理论构建像巴洛克式建筑一样，华而不实，而且理论中列举了世界中存在的确定性（我们也保证这种确定性可以保持长期正确），并因此遭受批评，但该理论提出了两点很重要。首先，该理论假设，对于历史上出现的价值体系，有着不同的评价标准，因此各价值体系中对公共利益的理解也大不相同，所以不能简单地以共同的标准对各种价值体系进行比较。而且，更关键的一点是，该理论认为，人们做不同好事属于实践活动，活动由行为对象（客体）和行为者（主体）之间相互调节。从实践活动层面而言，该理论假设，这可以是一个政治组织与另一个政治组织的较量，也可以是世界各个价值阶层在争论之后的妥协。

在大西洋的另一边，出现了一种与政治组织和社会生活联系度更高的不同理论：制度逻辑。基于韦伯对各领域的划分，罗杰·弗里德兰（Roger Friedland）和罗伯特·阿尔福德（Robert Alford）认为，不同的宏观结构（例如，国家、家庭）是由一套物质实践和符号结所构成，而物质实践和符号则成为宏观结构的组织规范。这些宏观组织的组织原则包括：在每个宏观组织中什

第一章 为公益，而广告

么是善、什么是恶、什么可以做、什么不可以做，诸如此类的组织原则可以被认为是逻辑。从理论层面而言，这种逻辑比价值体系的概念更松散。也就是说，我们可以构建更多逻辑，但不用详细描述逻辑内部的内容。在最广泛层面意义而言，制度逻辑理论提出假设：善行包含于行动者之中，并成为三角形中相互促进的点——即象征性构建，持续实践和组织压力。

虽然制度逻辑的早期研究在很大程度上将不同的逻辑分配给了不同的社会领域和制度领域，这些研究通常描绘的是不同逻辑间的争论和紧张关系，但后来的研究发展很大程度上放宽了这些领域，明确让逻辑间持续的相互作用成为研究焦点。这一变化让文献关注点发生转移，文献不再关注制度逻辑之间历史的争论和变化，而对制度逻辑中不同价值间的持续谈判进行了研究。研究关注点的转换更接近对组织内部多样性的分析，而这种分析方法是从组织研究领域和其他研究传统中发展而来的。

研究人员注意到，混合、模糊或以其他方式让不同的逻辑相对应是积极主动发生的。为了维持自身的制度逻辑、价值主张和善的定义，各组织需要发展出一种身份，这种身份要有利于正在混合和匹配中的逻辑，或者作为引领多种逻辑发展方向的其他策略。各组织需要构建身份和叙事方式，让他们在制度逻辑的竞争中找到解决方案。从这种意义而言，许多组织一次坚持了多个逻辑，把组织逻辑混合在了一起。

本书受到法国的价值制度概念和制度逻辑概念的启发，在这两种概念中，善并不是唯一有象征意义的客体。当我们想到一种特定的善时，也会调动其他与之相关的元素。美国文化社会学家加布里埃尔·阿本德（Gabriel Abend）认为，在对善的判断中掺杂了许多大背景的假设，从这个角度出发，相比于思考文化套路（确定的文化符号），思考文化中的逻辑规则和语法或不同环境背景下的符号意义对人更有启发，由此找到物质层面、组织层面和经济社会层面的善，让本书所追寻的善得以存在。本书的价值倾向和话语结构都归于实用主义倾向。本书还注意到，文化语法的概念不仅超越了逻辑学，也超越了"价值体系"文学，至少可以追溯到肯尼斯·伯克（Kenneth Burke）。在某种程度上，语法之间的类似关系可以在 20 世纪 40 年代看到——在伯克的动机语法和赖特·米尔斯（Wright Mills）的动机词汇之间。简言之，我们所处社会现实中的物质和社会组织让我们可以找到特定的善，甚至鼓励我们去寻找特定的善，但同时又塑造并限制了我们解释善之间关系的能力。

不过，本书提出的观点与这些研究流派的假设截然不同。首先不同之处在于价值体系。制度逻辑早期作品假设，在自然状态下，不同善良品质是相互分离且纯粹的。虽然行善者会混合和模糊逻辑，或在各种价值制度之间妥协，但把善混淆似乎比只坚持一种善的理念要更费力。此外，该观点还含蓄地将善的妥协与道德纯度的稀释联系在一起：善的妥协必然意味着行为者不能根据相关的价值体系确认他们所做的事情的道德价值，

第一章
为公益，而广告

在理论层面可以证明对于善的自然纯粹性的假设。如果从象征意义之争开始，我们会倾向于在象征意义反面看待世界。对于制度逻辑而言，假设善的位置在不同制度领域内是自然而然彼此分离，至少在出现争论的历史节点是彼此分离的。在研究混合制度的文献中，大部分内容是关于管理者需要构建的特定身份以及他们的说话方式，而管理者的身份和说话方式会让善变得模糊，或者无法让不同善相互匹配。在这方面最有见地的研究者之一的社会学家戴维·斯塔克(David Stark)提出了一个问题，即不可比较的价值顺序之间的关系是什么？他认为，现代企业正在积极寻求和主动营造模糊性。信息时代的企业有意地将各种形式的知识和技能结合在一起。事实上，对斯塔克来说，正是相互竞争的评估原则之间的相互作用在企业内部产生了主要的价值来源：创新。

本书并不打算讨论善的纯粹性，而采取了更为务实的方法。假设不同善边界的模糊化和善的纯粹化需要付诸行动，那模式化的情境会对善产生约束，这种约束决定了善的践行者何时会认为善的模糊化理所当然，何时会认为善各不相同。在采访过程中，我们很少询问广告人，他们理想中的公益项目是什么样。相反，我们询问了他们在具体工作中的挑战和机遇。在某些关键时刻，善不可分割，纠缠在一起。但在其他情况下，善之间明显存在界限。任何状态(纯粹或纠缠)都不是事物的自然状态。在善的世界中，不存在这样的自然状态。

公益让广告收益更大

本书从日常经验出发,放弃了争论每个时刻善的意义,放弃了关于善各不相同的理论图谱。一些情况下,受访者自己会把善的边界模糊化。举一个简单例子,广告人一边称自己纯粹出于道德原因参与公益工作,一边是冲着广告奖项而去,他们为何如此矛盾?而在其他情况下,受访者的第一反应就是模糊善的边界,或者含糊其词地谈论善。引用社会学家维维安娜·泽利泽(Viviana Zelizer)的一个说法,我们生活在错综复杂的世界,在这样的世界里,随着人们参与活动,与彼此互动,不同的价值观念和不同的领域会不断地相互结合,再分离。

回顾韦伯著名的价值多神论和罗杰·弗里德兰后来的著作,本书认为社会学家可能并未对图谱隐喻仔细思考过。比如在希腊神话中:神殿中有各种各样的神,众神一起生活,彼此间关系不断变化,会因小事嫉妒彼此,也会与彼此签订契约。虽然某个神在名义上至高无上,但周围其他神灵却常常为所欲为,这样的行为无视了这位至高无上的神。这些神性格各不相同,好恶也不同,他们享受来自凡人的不同祭品(比如,智慧女神雅典娜似乎喜欢牛)。在一些情况下,还会出现临时的冲突:在特洛伊战争中,海神波塞冬和智慧女神雅典娜支持希腊人,而太阳神阿波罗和狩猎女神阿耳忒弥斯则站在特洛伊人一边。众神之间极少会发生战争,比如,持续数代的提坦之战①。然而,希腊人无差别对待

---

① 提坦之战指的是希腊神话中提坦神族与奥林匹斯神族为了争夺宇宙霸主地位而展开的一场战争。——译者注

第一章
为公益，而广告

"众神"，向他们献上祭品。熟肉的气味飘向奥林匹斯山，向不同的神致以敬意。

善何时会模糊界限，纠缠在一起，何时善的界限又会变得清晰，彼此分离，属于经验之谈。正如社会学家丹·莱纳-沃斯（Dan Lainer-Vos）在他对爱尔兰和以色列政府债券的研究中表明，债券既可以作为民族主义项目，也可以作为经济投资，债券的两种用法可解释以色列债券所获的成功（并以此解释爱尔兰债券计划的失败）。具体规范和模棱两可之间的关系是模式化的，而这样的模式化的关系正是引发善的边界模糊化的一个重要特征。虽然我们有时努力区分不同的善，但善有时会彼此冲突，因为我们需要在自己的言论或行为中支持某种善，但我们往往无法明确解释我们崇尚的善是哪一种。换句话说，我们的行为中掺杂着不同价值形式和不同行为形式时，往往自我感觉良好。其中关键点在于，我们未明确说明我们行动的理由。

背离善的多样性的原因在于实用主义。本书受芝加哥学派[①]启发，关注人们在现实世界中面临的困境，也就是行善者在社会环境中发挥创造力，解决问题遇到的困难。本书考虑到意义结

[①] 芝加哥学派是20世纪初至20世纪30年代围绕芝加哥大学社会学系形成的社会学派，继承西美尔的社会学思想，主导美国早期社会学研究，主要关注现代化进程的城市社会问题、传播的文化仪式性和社会整合问题。代表有哲学家杜威和社会学家库利等。该学派对传播的研究建立在社会统计和现象观察（行为科学）的基础上，把理论探讨与应用研究相融合，不仅把传播视为信息传递的过程，而且看成是一种文化建构的符号现象。——译者注

构、意义互动、组织压力和物质资源之间的持续不断的压力和可负担性，得出创造性的解决方案。为了解模式化的创造力，我们需要密切关注各种情形的善。

传统的价值制度和制度逻辑概念通常被称为"新实用主义"方法。该方法的关键分析部分充分说明，行善者和社会组织可调动特定的善解决所面临的问题。因此，这种传统理论仍无法解释现状。一些情况下，可能是社会组织迎合其使命，或试图培养其创造力。而其余情况可能是，社会组织为了在政治层面鼓舞士气。在制度逻辑的研究中，研究者通过关注社会组织内的行善者，发现混合制度能够成功模糊善的边界，而精确匹配纯粹的善属于偶然发生事件，部分原因在于，混合制度从社会学领域迁移到了商务领域。传统制度通常假设，行为环境面临着多种使命，所以对人们造成挑战，而社会组织与行为环境息息相关，于是行善者在创造意义过程中会面临这些外在环境压力。巴蒂拉纳（Battilana）和多拉多（Dorado）等社会组织研究者的研究表明，管理者在引领多种价值逻辑形成过程中发挥着重要作用，管理者会在招聘人员和组织社会化过程中发挥影响力，并假设在这两种过程中，善的多样性是引领发展方向的关键一面。研究者证明，行善者不同的职业生涯和外部环境会给善的多样性带来变化，而冲突主要出现在社会组织内部。

许多人认为他们所描述的善由行善者所决定，为理解行善者在决定过程中受到的限制，我们应该解决分析层面的问题，本

第一章
为公益，而广告

书认为分析层面决定了我们如何看待不同情形。虽然我们会在某种特定时刻，经历某种情境，但某种特定情境并不存在。人和情境之间的关系会随着时间的推移而延展，情况发展状况总比预料情形更加多样。行善者对自己、对过去和未来的理解都会影响并定义各种情况，其中包括最普通的情况。换句话说，正如互动理论①批评者认为：我们需要寻找更好的解释，用于解释更广泛意义的社会组织。也就是说，我们需要更加认真看待实际行动的前因后果和行为之间的互动效果。但这同时意味我们需要了解行善者生活的其他方面，比如，在定义与从事职业相关性不大的自身价值时，行善者所面临的道德压力，这些方面的压力会推动行为者形成对善在某种程度上的理解，同时放弃其他类型的善。本书读者可能是学者或广告人，但定义他们行为的不仅是自身所在社会组织。我们对自己人格和道德价值的理解会渗透到自己的行为中，从事本职工作时，同时要做"善"事，这样的行为方式可能会暂时存在于我们所处社会组织中，但又不完全受社会组织的定义。我们在某一领域内勤恳工作，获得认可的渴望与社会组织密

---

① 互动理论认为社会并不是外在于人的某种客观存在的模式或制度体系。社会不过是人们的互动行为模式化了的互动。"模式化"的内容扎根于人头脑中，表现为人们的"角色互动"行动。个人与他人结成多少种互动关系，对个人来说，就有多少种"社会"。因此，在互动理论看来，社会是具体的、微观的。社会变迁，是人们的"需求、动机、价值观念"以及人们的社会行为发生变化，导致原有的"互动模式"的内容发生变化。"社会互动"即社会相互作用，是指在一定的社会关系背景下人与人、人与群体、群体与群体等在心理、行为上相互影响、相互作用的动态过程。强调其动态性。——译者注

公益让广告收益更大

切相关。我们将社会组织作为研究分析的单元,而不关注社会组织的压力或支持和来自其他分析层面的压力或支持之间的相互作用方式,这样的分析并不能充分理解人们对自己的理解,以及人们如何确定自己职业方向。

简言之,本书提出的方法追溯了广告中的善变得模棱两可的时刻,追溯了行善者说明善之间存在冲突的时刻。本书一直在描述,为理解善之间的关系的形成过程,我们需要了解,在不同分析层次,公益广告面临的诱惑和挑战如何出现。我们还需要了解,广告人对道德感的渴望,以及内疚之情,再到了解广告经理需应对的社会组织压力。此外还要理解广告人对工作获得广告界的认可的渴望并以此打造自己的职业生涯的期望。

如果公益广告是研究善的交织和分离的战略空间,那么公益广告和善之间保持了结构上、道德上和存在主义方面的契合,本书对广告界和公益工作在存在主义方面的契合进行了概述,即不同的善如何出现在某些人的生活中,与特定行为相结合。存在主义[①]契合与结构层面相伴相生,构成了对道德的理解和对公益工

---

① 存在主义(Existentialism),是当代西方哲学主要流派之一。德国哲学家马丁·海德格尔是西方存在主义的创始者。存在主义是一个很广泛的哲学流派,主要包括有神论的存在主义、无神论的存在主义和人道主义的存在主义三大类,它可以指任何孤立个人的非理性意识活动,并把它们当作最真实存在的人本主义学说。存在主义以人为中心、尊重人的个性和自由。人是在无意义的宇宙中生活,人的存在本身也没有意义,但人可以在原有存在的基础上自我塑造、自我成就,活得精彩,从而拥有意义。——译者注

第一章
为公益，而广告

作的理解。也就是说，在广告界，在社会组织内部，甚至在全球经济层面都存在着对于存在主义的担忧，而这些担忧相互作用，这种互动时而令人坐立不安，时而发生得自然而然。

在古希腊神话中，众神受人崇拜的方式恰是广告人现在所处环境。本书并非讲述一个陌生职业的具体故事，而是关于道德、市场、社会组织、灵感和声望如何交织在一起。读完本书，读者可以理解不同善如何交织和分离，理解结构性考虑和存在性考虑如何结合形成特定行为模式，让读者有机会对当代资本主义的大致轮廓提出疑问。批评家认为任何有关"善的行为"的言论背后都隐藏着更卑劣（也更真实）的理由，而自由市场的狂热者则认为，归根结底人们努力寻找的是做善事的意义，因此，本书既不采取批评家视角，也不采取自由市场的狂热者的视角进行分析。

本书脉络

本书追踪了不同行为场景下不同类型的善，其中行为场景是广告人从事公益项目的情境。本书展示了在不同场景下，不同的善是如何交织，又分离的，以及在这样的社会背景下，"做好事"的意义是什么。本书从当下场景的道德方面，还有当事人表达对做好事的渴望，以及获得广告界认可的期望等方面讲解。本书随后的章节描述了在不同场景中，想法如何变成行动，即广告经理

公益让广告收益更大

人对项目的理解，广告人职业界限划分以及与善之间的联系，还有对广告人与其所追求的善良品质之间的关系进行衡量。虽然每一章都介绍了新的价值形式、新的理论挑战和新的灵感启发，但本书对各种价值形式的介绍并不抽象，而是基于不同活动案例研究进行介绍，并且从一个活动的多个参与者的视角进行介绍。

第二章讲述了广告人在接受采访时出现的道德焦虑，以及做善事的愿望。受访者认为自己属于自由创意群体的一员，并认为自己的工作推动了资本主义的发展，因而感到些许不安。正如一些广告业受访者所述，他们为"坏人"工作。即使他们不为"坏人"工作，也会觉得自己的工作毫无意义，而这两种感觉同样强烈：例如，广告人利用其才能和想象力说服消费者选择某个品牌的肥皂，所以他们觉得自己的工作无关紧要，即使做得好也无关紧要。对于本书受访者而言，他们需要自己的工作发挥作用。在这种情况下，本书追溯了广告人如何寻找公益项目并自愿投入公益事业，如何投入时间精力，如何改变自己看法，以及如何保持道德能动性，如何感知到自己在某项事业中的作用并且让这种作用有所体现。本书追溯了在这些情形下，做好事如何模糊了公益工作与有偿企业社会责任工作之间的界限。

之所以说公益广告是研究善之间的交织和分离的战略空间，是因为公益广告既保持了结构性存在主义，又保持了道德存在主义。本书从该角度出发，概述广告界和公益工作在存在主义方面的契合，也就是说，在某些人生活中，不同的善如何出现，并如

第一章
为公益，而广告

何在某种行为中相互缠绕。

第三章从道德视角转向善的图谱，善的图谱即道德层面有意义，专业方面上也有意义的工作。本书强调广告人作为创意人兼艺术家的形象，强调实际工作过程的重要性，即他们对劳动过程创造性和战略性的控制。出于种种原因，尤其因为公益客户未在活动中投入大量资金，所以感激通常是无偿工作的回馈，公益项目为专业人士提供机会，让他们创作出不那么保守的作品。在公益活动中，"疯狂"的想法并不会在第一次开会就遭到扼杀，相反，这些"疯狂"想法常常落地结果。正因为广告公司并未在公益工作中投入太多资金，所以公益广告领导人数少，这些人以一种罕见的方式获得广告业认可。因此，本书展示了广告工作与异化劳动[①]之间的实际关系，以及异化劳动与公益活动之间的关系。

本书第四章改变视角，着眼于公益工作与广告领域认可之间的关系。因此，本章列出了广告业显而易见的问题：公益项目和奖项之间关系密切，并由此定义了值得获奖的优秀公益项目。本书通过密切关注一些公益活动和公益活动参加者，展示了因公益获得奖项的作品如何转化为行业认可，获得职业成功。因此，这些奖项成为广告界的"善"，是广告人获得同行尊重认可的时刻，

---

① 异化劳动：异化劳动是马克思在《1844 年经济学哲学手稿》中首次提出的概念，又称劳动异化。马克思用它来概括私有制条件下劳动者同他的劳动产品及劳动本身的关系，包括人同劳动活动相异化、人同自己的人类本质相异化、人同自己的劳动产品相异化、人同人相异化。马克思批判了前人非科学的异化理论，并揭示了资本主义社会最典型的异化本质。——译者注

> 公益让广告收益更大

并因此影响和改变了广告人的职业生涯，他们随后参与的广告项目会随之改变，他们在广告公司职位和薪水也会随之改变。回溯广告作品获奖历史可以见证人们如何对标广告奖项，期间所经历的紧张情绪。本书关注整个广告界，关注广告人经常应对的无私道德感和获得行业认可的自私渴望之间令人纠结的关系。

本书前四章讲受访广告人在采访过程中回忆到的不同的善，第五章则探讨，广告人如何驾驭不同的善。因此，本章先要从广告经理人开始，其中包括首席执行官这样的高级经理人和负责监督工作的中层经理。经理人在处理出现的一系列紧张关系时，需要把公益工作看作广告公司业务组合的一部分，并尝试在工作中精益求精，同时他们还要从事广告策划工作。尽管广告公司经理人在道德的善和公司财务利益之间寻求平衡，即使偏向商业考虑，也需要对不同类型的善之间进行预测和协调。不同类型的善出现重叠是实际存在的关键问题。

第六章从广告公司经理人转向广告人，概述了广告人把善相互融合和取舍的两种方式。本章首先关注了"坏"项目和受访者自己选择的项目之间的界限，"坏"项目指的是追求错误价值的广告。正如在本书中所提到的，在受访者负责的广告项目中，愤世嫉俗的广告用于让善之间的关系变得顺理成章，即使这种道德层面的善可能用心不纯，即广告项目本身就有目的性，但与其他广告项目相比，受访者认为他们的工作更有道德价值。本书还涉及了道德结果论，该理论认为，行为结果可以识别道德感。本章

第一章
为公益,而广告

随后重点讨论了"激情"发言在访谈中的重要性。激情发言会让受访者把不同的善联系起来,同时让不同善之间的界限变得模糊。由于是个人激情的抒发,这意味着感情的真实性,激情作为一个心理术语,在善的种类方面并没有明显的参照物。激情为受访者提供机会,把不同的善联系起来,在不同类型的善之间无缝切换。

第七章是基于观察的一章,使本书过渡到理论检验的部分,对"公益广告活动是否有效"的问题如何在公益工作中出现又消失进行观察。对于衡量广告成功与否,本书表明,正因为广告人士最终要见证其公益工作的成效,所以公益工作有时会引人注目。原因有二,其一,广告公司经常与小型公益组织进行合作,在小型公益组织内,即使小笔捐款或账户的微小变化都会转化为巨大收益。其二,由于公益工作的即时性,本书受访者在工作中可以看到公益工作的效果,而这一点在商业广告工作中并不存在。然而,没有了来自客户的压力,没有了用于测试的资源,公益工作和最终成果之间联系并不强。因此,成果衡量和问责制之间的联系常常是割裂的,导致了没有后果的结果主义。

第八章,即最后一章是一个完整的循环。首先,本书把书中结论与公益事业在其他领域进行比较,尤其是法律领域的公益事业,由此我们可重新思考我们的世界充满不同的善,生活在这样的世界里意味着什么。第八章不再关注于多神论的价值观,即诸神相互发生冲突争斗的时刻,而关注于正常状态下的各种事务:

> 公益让广告收益更大

我们如何在有着缤纷多彩商品的世界中生活。研究不同商品在不同情况下的分层方式或一种情况下的不同分层方式是理解广告界公益工作以及其他问题的关键。最后，本书再回到企业社会责任的日常执行问题。本书通过观察广告人的现实生活，从公益工作从事者的角度审视公益工作为何诱人：公益工作为广告人提出了务实挑战，开启了让他们的工作充满意义的宝库。

善的纠缠

从社会行为者视角观察，并没有本书所描述的善之间的复杂关系。这种复杂关系会出现在广告人的谈话中，正如本书作者伊多在一家大型广告公司与参与者交谈时所观察到的那样，而在本书例子中不断出现了这种善的复杂关系。J.沃尔特·汤普森（J.Walter Thompson）是一家大型全球广告公司的客户经理，在一次长时间的采访结束时，他反思了公益广告工作的普遍做法：

> 你知道吗？我觉得广告人喜欢挑战，热爱创意。因此，我认为广告人喜欢接受挑战，销售是一回事，销售公益项目是另一回事。广告人的预算不多，却要完成更多工作，即涉及创造性问题的解决，从而成为一个绝佳的创造性挑战。此外，人们从事公益事业大多时候只是为了通过这种方式获得

第一章
为公益，而广告

褒奖。如果说广告人没有这种想法获奖，那是不真诚的。

老实说，有时这是一个不错的商业理由，比如，我们可以说，"我们为这项事业贡献了很多的时间，以赢得奖项为目标。获奖后，我们可以获得认可，成为更富有创造力的广告公司。"因此，对于广告人而言，这样的价值交换意义非凡。我这样说可能会有点奇怪，但如果你让广告人坐在那，他们会先谈论怎么做才能让广告获奖，随后是谈论公益项目客户的其他事情。你必须确保每个人想法一致，让大家想法一致是一项有价值的投资，你明白我的意思吗？

富有创意的挑战，道德原因，商业敏锐性，奖项，职业生涯，等等，这些令人眼花缭乱的事物接连出现。因为这些因素，再加上广告公司负责不同事物的工作人员对善有着不同的价值观，他们对所做的不同的公益工作有不同的看法。虽然公益工作可以是成功企业社会责任的完美典范，也就是广告公司可以通过"做好事"让"商业成功"。公益广告必须是一项持续进行的事业，但成功确实是偶然的。

社会学家马塞尔·莫斯（Marcel Mauss）将公益事业中所获馈赠描述为一种完整的社会事实：这种"礼物"交换制度把生活的不同层面紧密结合，这样的关系让我们超越现象，进一步了解广告公司。本书认为，公益事业是一种现象，是一种馈赠，但远不止于此。公益广告在社会结构中的位置和其独特特征让它成为

> 公益让广告收益更大

有效连结点,可以让我们理解参与公益广告的广告人的生活、公益广告制作系统和其中所展示消费体系之间密切相关的联系。本书涉及道德社会学、行动社会学、文化社会学和资本主义社会学,探讨了组成公益事业的联系,以及这些联系之间的相互联系,还有这些联系如何形成了独特的道德图谱。

第二章

公益工作中的道德感

公益让广告收益更大

在日常生活中,"公益"的意思就是不索取报酬完成的工作,但它并不是对交易的简单描述,相反,"公益"意味深刻:拉丁词语 *pro-bono publico* 的翻译是"为了公共利益",公共利益超越工作所限制的狭隘范围,成为一种道德使命。在本书中,公共利益在谈话中的位置突出。一位广告策划总监乔伊迪普·戴伊(Joydeep Dey)说到他为一个公益项目工作的经历,这个公益项目旨在提高人们对精神疾病的认识。他把这个项目描述为"获得额外回馈的项目",并说:

> 从事公益项目让你感觉良好,同时从事公益项目时也要用商业项目中所运用的广告技能,用这种技能解决商业决策问题,或者,庸俗一点,解决赚钱的问题,把公益事业转化为真正的文化事业。我可以利用社交媒体,或者发起一场旨在提高人们某种意识的公益活动,激励大家做好事,这让我感觉良好。所以,从这个意义而言,这次公益活动有着额外的回馈,而且这个公益项目值得一做,你可以用上自己的日常技能,做各种擅长的事情,这件事也是值得向他人谈起的一件事。公益事业可以平衡我们日常从事的商业化广告工作,让广告事业更有人情味。

戴伊与大多数受访者一样,从定义而言,公益活动几乎就是为道德利益而工作,是我们愿意与他人谈论的事情,是"更有人

第二章
公益工作中的道德感

情味的事情"。

虽然不同种类的善彼此之间的关系模棱两可，但关于善的关键论述是一致的：我们努力让世界变得更美好。当一个小型精品广告公司的广告人谈论她曾接手的公益项目时，她讲述的故事很复杂，其间谈到了创造力、奖项和公司内部管理。尽管如此，她谈到道德时，讲话变得简单明了："我们之所以做公益项目，是因为它值得做。"

其他受访者则表达了其他更紧迫，更令人困扰的事情。一位跨国广告公司的中层经理谈到了他目前最为重要的客户：一位大型武器制造商。他利用该商业客户为随后的公益工作制订框架。"他们制造炸弹，"说到这点，他语气变得活跃起来，"所以对于该广告公司的员工而言，即使他们发挥创意，广告做得相当好，员工们还是觉得需要净化自己的灵魂。"虽然只有少数受访者在访谈过程中用如此直白的语言谈论他们的公益工作，但成为一个做好事的道德能动者的机会一次次出现。

但当我们谈论道德话语时，我们谈论的是什么？道德本身就是一个令人困扰的术语。元伦理学家——那些尝试定义道德的哲学家，他们对于世界上是否存在道德争论不休。社会学家常倾向于一种描述性相对主义，他们的研究对象通过这种相对主义定义什么是道德上的善。在这种情况下，很难把道德中的善与其他善分开，因为每一种善都有自己的独特表达。即使我们觉得认识到了一种特定道德话语中的善，并且认为它不同于其他善，受访者

公益让广告收益更大

在采访中也并没有表示他们转向了一种道德领域，然而在聆听受访者时，道德的善与为公益组织进行公益工作的善截然不同，它们有时甚至是相冲突的。

我们称之为道德的领域，是超越工作范围的行为领域。道德评价是指那些超越特定情境的、以自我定义为特征的、具有情感成分的评价。本书并不打算定义道德的善，道德评价仍是相对主义立场，允许受访者将道德评价与其他领域的表达区分开，并通过这种表达方式，对自己的工作进行评价，与此同时，这种道德评价为本书提供了一种分析性方法，解析不同的善。换句话说，成为受人尊敬或富有创造力的广告人，和成为有道德的人之间存在一个关键性的区别。一个人可以是有才华、富有创造力的专业人士，但同时也可以道德败坏。在大众的想象中，这实际上经常被认为是事实，广告业被毫不留情地塑造成一个由贪财吝啬、冷酷无情的人所经营的行业，他们在巴黎的大厦中碰杯，庆祝有了新机会，可以推翻竞争对手。广告业长期以来被认为是残酷无情的，广告推动人们过度消费或操纵消费者以赚钱。

通过这一定义可以理解采访中关于道德的论述。当从业者谈到广告人的工作时，就会开始谈论公益工作，这些工作可能让他们在广告业一举成名，同时也带来比出名更多的东西——他们的广告工作超越了商业价值和创造性价值。广告人把自己想象成更广阔舞台上的演员。一位广告策划人表示：

第二章
公益工作中的道德感

我对广告公司的感情爱恨交加。我时不时会面临存在危机,想到"我在贡献什么?"我熟知关于消费文化和需求文化,但我不想被动地做出贡献。我不想被污染,因此我觉得有很多机会,其中包括未被发掘的机会,我可以利用这些机会。当你做的事情可以让世界变得更美好时,你的感觉会更好,我说的当然不是促进薯条、冰激凌或其他消费品的销量。

一位为医疗公益工作的广告创意人士也说过相似的话:

我认为呢,在每一份工作中,大家偶尔都有过一些存在主义方面的焦虑,比如,"我的工作有意义吗?"对于那些私人公司的员工尤为如此。所以"公益工作"特别好,我可以发挥全套技能,发挥作用。不仅为客户获利,而且对人类而言也是有意义的工作。

本章不再谈论更广泛的关于"人类意义"的话题,而是将道德话语和纠缠在一起的善放在一起谈论。谈论公益工作道德的方式多种多样,道德领域有多种叙事形式,但不管是哪种叙事形式,本书都证明了广告人不仅珍惜为道德事业工作的机会,而且珍惜自己成为道德能动者的机会,因为这样的机会让他们成就一番自己的事业。本书将展示道德语言如何模糊了公益工作

> 公益让广告收益更大

和其他在工作中行善时刻之间的界限,一种方式是为大公司策划企业社会责任的活动,另一种方式是在常规商业活动中加入道德元素。

道德词汇:权力与救赎

公益工作是承载工作意义的重要载体。如同上文提到有着存在焦虑的广告策划人和广告创意人一样,本书采访的广告人有时觉得广告工作就其本质而言毫无意义,只是在无数种几无差别的品牌中推动消费者购买某个品牌,而不是另一个品牌。在这种背景下,受访者一次又一次地回顾日常工作和为公益项目客户所做工作之间的冲突。正如一位资深广告策划人谈到他所参与的首批公益活动之一时,回忆道:

> 当时,我通过互联网参与儿童保护事业时,感觉"这太棒了!"我人生第一次真正觉得,我可能会拯救某人的生命。我妻子是医生,救人性命是她的日常工作。我明白我的日常工作并没那么重要,但有时候我也会说,"我肯定能有所作为",而很多公益工作可以让你有所作为。因此作为一个广告策划人,作为一个有创造力的人,作为一个公益项目负责人,我可以用做公益的方式肯定自己,但是其他工作不一

第二章
公益工作中的道德感

定能产生同样的感觉。

产生这种救赎感并不出乎意料。毕竟,从事各种职业的人都会感到焦虑。特别在 21 世纪,从事"创意经济",在自己的作品中寻找超越自己存在的意义成为当务之急。正如本书所注意到的,因为推动了不必要的消费,广告业备受谴责。鉴于存在这种谴责,广告人通过日常工作寻找超越工作之外的意义很难,但也正因此,找寻工作之外的意义变得更加紧迫,尤其与医疗从业者一比,更是如此。

在这位资深广告策划人的评论中,还有两点值得关注。首先,广告人从公益工作中所获得的意义,与他们从在优秀工作中发挥创造力所获得的意义是不同的。正如这位资深广告策划人所认为的,尽管广告创意人可以把自己的作品看作是创造性工作,为此"感觉很棒",但这种满足感仍然缺点东西。

这位策划人提到的广告效用同样重要:一场拯救生命的互联网运动。在下一章中,受访者对公益项目的某些方面会感到不满意,但他们一般认为这样的公益活动是成功的。在这种情况下,受访者最常说的是借用广告的力量行善。广告人的自我形象刻画往往有点浪漫。他们是"隐藏起来的说服者",是"吸引他人注意力的商人",在社交媒体操纵人们的时代,他们的这些身份变得更加明显。如果广告人够狡猾,那他们就能成为强大的文化代言人。诚然,广告人的强大作用与现实广告工作的对应关系并不

公益让广告收益更大

明显。正如社会学家迈克尔·舒德森（Michael Schudson）所说，广告对推动消费者行为的影响通常相当模糊不清。本书受访者还展示了广告人作为公众舆论和私人偏好的全能操纵者的形象。正如一位执行创意总监所说：

> 我认为，我们只不过相信，伟大的想法有着可以解决问题的力量，这样的想法也许只是我个人的想法。但是我们需要让广告人能意识到它所具备的力量，甚至在我们生活的时代里，我们需要加倍意识到公益广告的力量。我认为广告人要帮助人们思考，更多地向自己发问。广告的力量如此精彩。广告无处不在，除了品牌，人们还应该考虑一些事情，可以考虑住在你周围的人，你吃进嘴的东西，还有其他的内容。我感觉，也许这样是对的，我感觉在我们生活的时代，有一种特殊的责任，而我们应该意识到这一点。应该试着用我们所拥有东西做更多的事情。尽管我们通常在做关于酒水的广告，关于香烟的广告，但在现实中，我们也可以通过广告实现大目标，交流大事件，提高人们的意识，让他们关注到其他事情，重视其他事情，欣赏其他事情。在这种情况下（比如器官捐赠运动），广告在宣扬一些在任何地方都不会受到重视的内容。涉及身材羞辱时，总会出现很多大型公益活动，这些活动的本质是告诉每个人，他们很美丽，有着惊人的潜力，这是可以拯救生命的，也是这些公益活动要传达的

第二章
公益工作中的道德感

主要信息。

和其他受访者一样,这位执行创意总监以宏大的措辞谈论着公益广告的力量。他的话让人联想起漫画里的超级英雄。力量越大,责任越大,或者至少是引导公益广告的力量越大,人们为公益服务的可能性越大。事实上,广告人发挥着文化力量的形象与他们对如何使用这种力量的想法之间的分歧引发了他们在道德言论方面发挥正面作用的紧迫性。使用广告的力量只为企业利益服务是鲁莽的,甚至是不道德的。

当这种道德言论出现时,一些受访者觉得他们自身很渺小。在一次采访中,我们采访了美国一家著名广告公司的高级策略师费德里科。他是来自阿根廷的移民,在该公司负责为制药行业策划广告活动,并由大型制药公司为广告买单。访谈伊始,当我们问及费德里科的工作时,他开始沉思:"从历史角度而言,我的工作是……帮助坏人。所以,是的,我为银行工作,我为制药公司工作。也许下一个雇主会是石油公司。但这工作必须有人做,而且会有越来越多人参与其中。"随着采访的推进,费德里科谈到了他参与的公益活动,以及如何看待这些把奖项和创造性的追求配对的工作。当谈到自己的工作动机时,他自嘲了一下。然而,当被问及他个人最喜欢的公益项目时,他变得活跃起来:

与我的日常工作相比,实际上,我觉得从事任何公益

公益让广告收益更大

工作时，我都会感觉良好。非洲的水资源、无偿献血……我很乐意接受这种公益工作，与为美国企业和制药企业工作相比，做公益工作是一种不错的平衡。我对公益事业充满激情。是的，我认为帮助第三世界国家可能会让工作变得稍微有趣一点，但这也并不是很重要的部分。如果我们在这里帮助人们应对卡特里娜飓风，或做类似的事情，那我会很开心，做公益工作是工作节奏的一种改变。做公益工作对我有很大帮助，因为公益工作让我的工作充满意义，我觉得我的工作更有意义。日常广告工作通常研究如何出售没人在意或没人想要的东西。所以，当有一个机会可以做点不同的事情，产生一点小影响时，你就会特别想做这件事。总体而言，大多数广告人都想从事公益工作。

虽然这不是一个纯粹的道德话题（他所谈到的"工作节奏的变化"），但费德里科仍然情绪激动。他形容自己的日常广告工作是卖"没人关心的狗屎"和为"坏人"工作。相比之下，公益工作让他可以"做点什么"，深入思考不同原因，思考真正重要的事情。随着采访的推进，他详细地谈到了，他试图理解公益组织想要解决的真正问题：道德风险、公益组织面临的障碍、公益组织的身份和使命。

第二章
公益工作中的道德感

有道德感的广告公司：三个案例

承接公益客户让广告人能够在日常工作的范围之外定义自己，有时甚至与日常工作背道而驰。但这是什么样的道德行为？毕竟，这个公益组织不属于广告人，然而，广告人负责公益广告策划。这些广告人是如何定义他们所做的道德行为的？

为公益组织工作只占用了广告人一小部分工作时间。尽管许多受访的广告人坚称，他们对待公益工作时付出了与其他工作同等的时间精力，但为公益组织工作仅占广告人总工作时间的2%至5%。广告人可能会认真对待公益工作，但他们认真做公益工作的时间不会太长。不过，受访者明确表示，他们为公益事业工作的时间虽短，但是却充满了意义。在道德层面，广告人的公益工作很有意义，因为公益工作代表了广告人在为自己的信仰付出。

受访者告诉我们，要成为优秀的广告人，就要充分理解客户，甚至把自己当作客户。这种身份转换对于广告策划人、广告创意人和客户经理而言更是如此。受访的广告人会竭尽所能地了解客户的产品分类、客户的品牌以及客户本身。大多数情况下，广告人在了解过程中要想办法让自己和广告目标群体关注广告，而这一点公益广告很容易就可实现。一位中型广告公司的客户经理谈道：

公益让广告收益更大

我认为，广告人的大部分工作内容是推销我们个人并不特别感兴趣的产品。你会在每一位客户那里寻找你真正支持的，你所相信的东西，并把这些东西推销出去。但工作结束后，你可能会发现你所服务的品牌内容与你真正的信仰是不同的。所以，能为自己真正关心的公益事业发声，是非常美妙的事情。

因此，广告人的工作中最重要的一部分是情感劳动[1]。广告人要在客户品牌中找到他们真正认同的一部分，这样一来，他们才能投入精力为该品牌工作。例如，空乘和其他服务型行业都是社会学家阿莉·霍克希尔德（Arlie Hochschild）所说的情感劳动，广告业工作需要深层表演[2]。受访者表示他们需要在客户品牌中找到打动他们的地方，能激发他们的热情，因此他们才会"全心全意"的工作。服务业从业者必须对客户保持笑容（表层表演），而广告人与这样的情感劳动不同，广告人需要在他们负责的品牌中投入情感（深层表演），对于广告人而言，这样的情绪投资是广告工作很重要的一方面。

---

[1] 情感劳动是指劳动者通过对自身情感的管理和表达，在社会互动中为他人创造某种特定的"情感状态"的劳动过程。情感劳动以获取利润为目的，将原本在私人领域进行的情感工作置于公共空间进行利益交换。——译者注

[2] 与深层表演（deep acting）相对的是表层表演（surface acting），当一个人感觉自己的情绪与"规则"要求的不一致，会有意地调整自己的外在表现（比如表情、姿势、语调，等等）。人们也可能利用更深层的手段（比如说服、想象）调整自我，通过调整自己的内心感受，向外展现出一种符合"规则"的情绪。与表层表演不一样的地方在于，深层表演中个体的情绪体验与外在的表达是一致的。——译者注

第二章
公益工作中的道德感

然而，正如受访者表示，向薯片或冰激凌这样的商品投资情绪并不简单，认同客户的兴趣点总是令人困扰。为商业客户工作时，广告人很难真正关心客户的品牌形象。广告人有时甚至需要传达出客户幻想中的品牌形象。虽然广告人花很多时间讨论品牌，但他们确实在关心和冷漠之间犹豫不决，也就是说，广告人上一秒还百分百认同客户使命和品牌优点，下一秒就对品牌的无意义冷嘲热讽。

然而，公益工作就是另一回事了。如果说，广告人似乎很难完全认同客户的想法，那么公益客户的想法正是吸引广告人的地方，正是广告客户的想法让公益事业变得与众不同，又精彩非常。受访者谈论公益活动的方式表明他们不仅帮助了道德事业，而且使他们深度参与其中，做着有意义的工作，因此主动选择成为道德主体[①]。也就是说，广告人不仅感觉自己在推动有价值的道德理想，而且还参与了道德项目的构建，即使参与时间和参与方式有限。

参与公益项目的方式多种多样。首先，即使负责公益项目的客户是广告公司老客户，或通过美国广告委员会联系介绍的公益项目，只有广告公司人手充足时，管理层才会接受该项目。此外，本书追踪的108个公益项目中有28个来自广告公司员工，而非公司管理层。一些公益项目是通过已经参与项目中的广告人介绍的，

---

① 道德主体（moral agents）指的是具有自我意识，能够进行道德认知，能够进行推理并形成自我判断，能够进行道德选择与实施道德行为且承担道德责任的道德行为体。——译者注

> 公益让广告收益更大

其他则是广告创意人或广告策划人组织发起的。但由广告公司员工发起的公益活动并非都是出于道德层面的善,有时候只是为了帮朋友忙,有时候是想要实施一个绝佳的创意想法。在大多数情况下,正是因为广告人热衷于某一项事业,公益项目才得以发起。

其中一个例子就是 Barton Graf 广告公司的"气候变化更名"(Climate Name Change)公益活动,该活动于 2013 年由关注气候变化的公益环境组织"350"开展。后来成为风靡一时的公益活动(如图 2-1 所示)。

图 2-1 被约翰·博纳破坏后的海岸[①]

---

① 这张图片来自《气候》杂志,图片的标题为"被约翰·博纳破坏的海岸","气候变化更名"公益活动向世界气象协会请愿,将飓风命名为那些否认气候变化的政客的名字。

第二章
公益工作中的道德感

Barton Graf 广告公司发起了一次具有讽刺意义的网络请愿和视频活动，要求气象局改变飓风命名规则。不再以字母顺序用任意名字命名飓风［比如卡特里娜（Katrina），桑迪（Sandy）等］，该活动呼吁用那些否认气候变化的政客姓名，如用约翰·博纳（John Boehner）、麦克隆·鲁维奥（Macro Rubio）或者米歇尔·巴赫曼（Michele Bachmann）来命名。

"气候变化更名"公益活动在某种意义上大获成功，斩获了许多奖项，成为 2014 年度获奖数排第七的广告。而公益组织"350"则成为媒体知名度剧增的组织。《卫报》等报纸对该活动进行了报道，称其为迄今为止"最独一无二，给人留下深刻印象的环保广告之一"，很多大型电视频道对该活动进行了报道。

与很多其他公益项目不同，Barton Graf 广告公司没有收到任何客户的主动联系。广告公司的团队萌生该想法后，主动联系了公益组织"350"。丹·特雷谢尔（Dan Treichel）是 Barton Graf 广告公司创意团队成员，负责该活动，他说：

> 我们，这里的我们指的是特雷谢尔和他的工作伙伴戴夫·坎宁（Dave Canning）在其他广告公司做过公益项目，但合作的公益组织并不是气候变化类型的组织。而气候变化是我们所关注的、怀有热情的事情。飓风桑迪在纽约登陆时，事情变得就很不一样了，因为这场飓风影响到了我们所有人，随后我们不停地讨论着这件事，不停地说着桑迪的坏

话。所以从这些事情中我们萌生了这样的点子，当时的想法就是"唉，可恨的桑迪。"

与许多创造性想法一样，这个想法把他们观察到的事物联系在一起，然后激发创造力。有了新想法，特雷谢尔和他的创作伙伴聊到了他们都"充满热情"的气候变化话题。在飓风桑迪登陆期间，他们注意到，人们最终把飓风的破坏性归因于飓风的名字，他们还会开玩笑说"桑迪真可恨"，这一点已经暗示要把风暴拟人化。对飓风名称的观察让他们采取了下一步行动，把飓风与那些否认气候变化的政客联系起来。正如一位密切参与公益活动的客户经理回忆道：

> 在工作期间，我们中一些人曾讨论过某些政客否认气候变化这件事，这让我们感到恼怒。有科学事实证明了气候变化的存在，有这么多事实摆在眼前，政客们怎么能坐在众人面前大言不惭地说，"在我看来，气候变化是一场骗局"。这样的做法太愚蠢！于是，我们想回顾有关政客否认气候变化的案例，并以此增加曝光度。其实特雷谢尔很久之前就有这个想法了。特雷谢尔和他的搭档刚开始构思这个主意时，他们就来找我了，问我是否有兴趣加入其中，帮助他们。我双手赞成。过程就这么简单。所以，我、两个广告创意人和一个广告策划人深入研究，花了几个月的时间专注于该项目，

第二章
公益工作中的道德感

致力于该公益活动，并在项目中撇开了一切商业广告。

为了有效地执行该公益活动，他们首先要得到公司管理层的批准。首先，他们向广告公司的创始人杰里·格拉夫（Jerry Graf）提出这个想法，请格拉夫批准他们做这个公益活动。他们回忆，格拉夫当时就气候变化的科学方面问了几个问题，想知道他们是否充分了解了该公益活动，并以此确定他们并不是只因为这个想法很有创意而盲目开干。格拉夫对他们在气候变化方面所了解的科学知识表示满意，于是批准了该活动，让他们加入其中，并给他们时间将想法付诸实践，与此同时，格拉夫还表示，如果他们能让这个想法更清晰，找到客户，那公司会帮他们制作广告。就如何改进广告脚本，格拉夫甚至还给出了一些建议。在接下来的几个月，他们写剧本、写想法和制作故事板，然后找公益组织。由此看来，公益组织显然不是驱动广告人行动的原因。正如负责该项目的客户经理所说：

> 我们最终目标是选择公益组织，选择为人熟知的公益组织，或者公益组织内有名的人，即使是小有名气的公益组织也可以，以此确保公益活动的真实性，特别对于讽刺性质的公益广告更是如此。"气候变化更名"公益活动公开取笑政客，但我们不想让该活动成为哗众取宠的玩笑，我们希望可以确保活动真实，并且具有推动力，因为我们确实希望会有

> 公益让广告收益更大

更多人为该活动捐款。

公益组织在一定程度上只是为了达到某种目的的手段。在传统广告中，广告曾是行动的结果，客户是达成结果的手段，而公益广告的作用恰相反。我将在第四章提到，手段和目的之间的关系复杂。一方面，道德的善本身是目的，这正是康德的道德观的标志内容。另一方面，广告人施展其技艺和能力，甚至可能因此赢得广告奖项，这就使得道德工作的纯粹性的善的愿景站不住脚。"气候变化更名"公益活动的广告团队的成员意识到，与公益组织合作让他们可以一心二用：让该活动具有正当性，这样人们就会把该活动视为严肃的政治行为，而不是讽刺的噱头，并利用该项目动员公众对这项公益事业捐款，而这些事超出了广告人的能力和业务范围。为广告制作买单的并非公益组织"350"，而是广告公司和广告公司联系的制作公司。虽然公益组织"350"确实参与了这场公益活动，也从中受益，但推动这场活动的道德主体是 Barton Graf 广告公司的团队成员。

然而，这一案例属于非典型案例：公益组织并未直接向参与公益活动的广告人按时付酬，制作费用由广告公司和制作公司承担，在广告公司联系公益组织之前，大部分的公益活动就已经开始了。然而，在典型案例中，找到正确的公益组织是定义目标信息的关键步骤，制作成本由公益组织承担（费用打折结算），广告人掌握活动所有权，有权定位和策划公益事业。尤其当广告人

第二章
公益工作中的道德感

自愿从事他们所关心事业时,情况更是如此。

接下来一个典型案例是关于支持彩虹族(LGBTQ)组织关注的男同性恋献血权利运动。该活动由萨奇广告公司(Saatchi)为同性恋者反诋毁联盟和纽约艾滋病服务组织男同性恋健康危机完成的,其中的同性恋者反诋毁联盟是受彩虹族媒体监测的非营利组织。

领导这场运动的广告创意人琼尼·英格拉姆(Jonnie Ingram)解释:

> 回顾我的职业生涯,我只不过看着别人做着热爱的事情,可以是关注家庭暴力,可以是帮助无家可归的人,几乎包含身边所有的事情,他们投身于各不相同的活动,非常鼓舞人心。对同性恋者的污名化,是我们想要举办活动要消灭的。

该广告人认为此项公益工作充满意义。

即使广告人还未找到自己所热衷的某一事业,在研究和工作过程中,广告人也会培养出道德主体感。以下案例围绕美国粮食安全问题展开,该公益活动由广告公司管理层牵头,并将任务交给非自愿参与的小组。然而,在活动策划过程中,广告策划人受工作中的道德使命所吸引,后来他们尝试让公益组织改变为更激进的道德立场。里亚德是一家大型广告公司的资深策划人,他在

公益让广告收益更大

讲述这一活动时，提到了道德立场的转变。他首先展示了活动的最终结果：一个引起共鸣的电视广告，广告中突出了人们与生俱来的善良内心，牵动人心，也希望借此广告牵动人们的钱包。然而，里亚德继续说，活动大获成功，他自己对最终工作效果也很满意，但最终的结果与他和团队最初的设想并不相同。他说，他所在团队"想让活动向完全不同的方向发展"，随后，他解释道：

> 随着该公益活动慢慢推进，我们愈加兴奋，还会出现"我应该捐点钱"诸如此类的想法。我们当时开始思考活动中不公平的方面，我们生活在美国，所以在某种程度上，我们感觉有人在美国挨饿就是错的，其中存在社会不公平因素。真正有趣的点在这里，你观察这个差别：有些人对饮食特别关注，在照片墙（Instagram）贴上美食的照片，每一顿都贴，你看看都是谁发的？这个人是哪个国家的？但与此同时，许多人实际上无法选择吃什么，食物对他们而言只是为了填饱肚子，只能以最便宜的方式喂饱一家人。垃圾食物得到补贴，反映在生活中就是，"吃这个（垃圾食品）比吃新鲜水果更便宜。"还有出于食物沙漠[①]的原因和环境原因，即使有的人有钱买新鲜的水果蔬菜，也买不到。

---

① "食物沙漠"特指远离大型食物卖场或超市，导致居民无法以适中价格获取新鲜食物的匮乏状态。——译者注

第二章
公益工作中的道德感

我们在这方面做了很多实地观察的工作之后才确定了活动的方向。但我们从未据此继续创意工作,我们最终带着三四个不同的策划主题找到公益组织。其中我们更倾向于聚焦于人的创意点:把地球某个地方痴迷于食物的人与另外一些吃不饱的人放在一起对比,在你的生活中也许并不能经常见到吃不饱的人,但让你看到吃不饱的人之后,一刹那你就会意识到,还有人挨饿,忍饥挨饿的状况还是存在的。

该活动同样为了停止埋怨他人。一些人认为,让儿童饥饿的全部原因在于他们的父母:"儿童挨饿怪父母,显然是父母没有努力工作。"在美国文化中,假设你成功了,那么是因为你非常努力,如果不成功,那就是因为你不够努力。因此,该活动是为了让人们明白,儿童饥饿并不能完全归咎于父母。从全球系统性而言,虽然现实很不幸,但他们别无选择。然后你会对此感慨,这太不公平了。

实际上,里亚德和他的团队想把人们能不能吃到食物的问题深度政治化。这场活动不仅是为了激发人们的慈善心、同情心,而且是想揭露社会理论家理查德·森内特(Richard Sennett)和乔纳森·科布(Jonathan Cobb)所说的"阶级的隐性伤害",这种隐形伤害反映在食物中。营养不良问题并不只是人们选择垃圾食品,或者父母不负责,而是结构性力量的问题,比如,农场游

> 公益让广告收益更大

说[①]、作物补贴、城乡分离、食物沙漠。广告策划团队并不想引起旁观者的同情,而是想唤醒他们的愤怒。里亚德后来表示,在他们团队所设想的版本中,"该活动的结果不会是简单地让看到的人'捐一些钱',而是开始在更广泛的范围内讨论食物问题,然后让讨论成为对话。"

该团队向客户提出了活动发展的各种可能性方向,正如广告策划团队经常做的,他们重点提出他们想推动的方向,但客户也许会否决所有方案。在里亚德的案例中,公益组织拒绝了广告公司提出的方案,公益组织对活动政治化持谨慎态度,只想表达普通的、急迫的诉求(非政治化诉求):为挨饿的群体捐钱。然而在活动大部分时候,负责这场活动的广告人对道德事业的设想是不同的。广告团队不仅询问了公益组织对于执行策划想法的意见,而且以自己的方式重新定义了道德的善。

这并不意味着受访的所有广告人都热衷于他们从事的每一个公益活动。一些广告人认为公益组织代表了纯粹的善,而另一些则认为公益组织的客户和商业客户没有区别。此外,几乎所有情况下,包括本书提到的情况,受访者的叙述过程纠结且复杂。然而,绝大多数受访者在谈论公益工作时,都会谈到存在主义的道

---

① 农场游说是美国的游说(LOBBY)体系中的直接游说。直接游说团体包括美国农场主协会、美国制造商联合会、亚华协会、步枪协会等,它们以会员制形式存在,收取会费,很清晰地显示自己代表会员与会员所在行业或圈子的利益。——译者注

德话语。鉴于广告工作的本质,广告人需面对客户所面临的困境和挑战。让广告人有所感触的公益事业给了他们机会,甚至推动了他们成为积极的道德主体,而不是相对被动的执行者。

道德领域:浅谈二级企业社会责任

　　本章对部分受访者叙述进行浓缩,以话语形式出现,以概括的方式谈论了公益广告工作与商业广告工作之间的关联。除了谈论公益工作的定义,还可以通过其他方式定义什么不是公益工作。意义是相互关联的,我们可以通过事物不是什么而定义事物是什么,还可以通过把事物想象成属于同一组事物,或相似领域事物的一部分对它们进行定义。换句话说,虽然没有完全相同的事物,但我们会把事物混为一类。用数学术语可以解释为:把事物放在一个集合中。

　　公益工作的道德故事让广告人想起了其他类似的道德故事。因此,通过这些故事可以看到在更宽泛的政治经济中公益工作的位置。广告人有了罕见机会感到自己在做善事。在一些案例中,受访者称,自己为公司付费客户所做的常规工作中也会包括道德感很强的工作。但道德感通常会出现在另一种工作中:广告人负责的客户的企业社会责任项目活动(也被称为二级企业社会责任)。

公益让广告收益更大

在当代,"做好事"往往成为公司品牌的一部分,广告人发现负责客户的企业社会责任这部分工作似乎与他们曾参与过的公益活动非常相似。例如,代表大型银行的购买代理商[①]同时负责该银行的社会责任宣传活动。某公司之所以联系多家广告公司负责处理该公司的企业社会责任活动,是因为这些广告公司组织"以过程为基础"的宣传活动经验丰富。

为艰难经营的社区公益组织开展公益活动和为企业开展企业社会责任活动之间天差地别,但对专门从事该工作的广告人而言,至少从道德角度而言区别不大。当受访者谈及道德领域时,他们有时会谈到商业客户和二级企业社会责任的广告活动。当我们询问一个小型广告公司创始合伙人讲述最近一次公益项目时,他开始描述一个有偿企业社会责任活动,他说:

> 近几年来,广告业的大趋势是在现有客户中寻找机会,让广告作品以某种方式对社会产生积极影响。例如,我们曾为时代啤酒[②]做广告,想出了一个名为"为女士买杯酒"(Buy a Lady a Drink)的项目。[典型的圣诞之星酒杯是圣餐

---

① 购买代理商:在服务同一广告主的代理商中,为其他代理商购买媒体的代理商。——译者注
② 时代啤酒(Stella Artois)是比利时最知名的窖藏啤酒,世界上最畅销的比利时啤酒,历史可以追溯到1366年甚至更远,口味独特浓郁,为窖藏啤酒鉴赏家称道。——译者注

第二章
公益工作中的道德感

杯状杯],也就是时代啤酒现在的啤酒杯形状。在该广告项目中,只要有人买了其中一个杯子,就可以向地球上更多不幸的人提供洁净饮用水。因此,这样的工作确实让我们获得成就感。

在实际工作过程中,公益工作和企业社会责任活动之间存在差异,广告人不必为二级企业社会责任活动牺牲自己的时间,而且相比公益客户,企业社会责任活动创造性受限。这位受访者和其他受访者指出了为公益客户和二级企业社会责任活动服务在道德方面的本质上有相似之处。正如另一位受访者所说,"人们先希望自己的工作很受重视,然后再开始做这些重要的事情",并且"从心理而言,被重视和不被重视的工作带来的感觉是不一样的。"根据大多数广告人的分析,公益组织的公益工作和大品牌的有偿企业社会责任工作之间在结构上并没有差异,即使存在非结构性差异,差异也不明显。毕竟,广告公司常把公益事业作为企业社会责任的一种形式。更重要的是,工作过程中的感觉并无差异。与为公益组织做公益工作时带来的感觉一样,为二级企业社会责任做广告时,广告人仍然可以把自己想象成道德主体,用自己的方式造福他人。

当受访者谈及行善的另一面,即道德层面存疑的广告时,二级企业社会责任的重要性就彰显出来了,二级企业社会责任成为获得道德主体的类似途径(有时是等效途径)。本书问过所有受

> 公益让广告收益更大

访者,他们是否曾拒绝过某些公益客户,以及他们不会接受哪些公益客户。受访者对后一个问题的回答更深刻,他们谈到道德时话中总是隐含着一些发人深思的问题。本书采访的纽约广告人基本支持美国民主党。在谈及他们不会接受的公益客户时,他们几乎都列出了美国民主党所支持的政治热点问题:反堕胎、武器制造、支持枪支的游说和大烟草[①]。本书并未从这些回答中推断出广告人在这种情况下实际会做什么,但本书感兴趣的是,这些虚拟问题引发了道德话题,而不是其他方面的话题。

然而,当问及他们曾拒绝的公益活动时,答案中少有同样的道德话题。美国反堕胎组织和美国步枪协会没有联系本书抽样采访的广告公司。实际上,一些受访者即使对客户的道德感存疑,还是为他们工作过。这些案例并非纯粹的道德故事,本书许多案例包含了许多其他方面的考量和其他类型的善,比如客户向广告人做出承诺,让他们发挥创造性,这并不涉及客户业务的道德性。

受访者会全面考虑广告项目的可行性并作出决策或建议,这恰恰是二级企业社会责任。例如,一家在撒哈拉以南非洲的矿业公司请广告人为其公司策划企业社会责任广告,这位广告策划人予以拒绝,因为他感觉这个矿业公司不真诚,怀疑他们的企业社会责任是不真诚的公关:

---

① 大烟草(Big Tobacco):是一个名称,用来指代全球最大的烟草业公司。——译者注

第二章
公益工作中的道德感

该矿业公司发来请求,称,"本公司需要重塑品牌",然后我们问,"为什么要重塑品牌?"他们回答,"因为本公司存在形象问题和声誉问题,需要我们克服,需要重新定位。"所以我当时说,"那谈一谈你的声誉问题吧。"我在谷歌简单搜索了一下这家公司发现,无论是什么排名,这家公司都能垫底,简直是世界最坏公司。比如,该公司想建一个挖掘场,所以他们把整个村庄都挪走了,村民也不见了踪影。挖掘场的工作条件是我见过最差的。全都是令人不忍直视的景象。当时,这家矿业公司的新任CEO说,"我们必须改变人们对我们公司的看法。"

我当时说,"好吧,想要改变别人对你的看法,那唯一方法就是改变你的行为,是不是?那贵公司有多大决心改变你们的行为方式呢?"我没有感觉到这家矿业公司会做出努力改变现状。所以,我们拒绝了这个项目,并告诉该矿业公司:"我们拒绝与你们合作。"最终达成一致并不容易,因为当时公司内部分成两派。一派人认为"这家公司是彻头彻尾的坏蛋公司,本质恶劣,就这样还想给猪涂口红①,我们拒绝这样的公司,绝不可能和他们合作。"而另一派人则说:"我们就应该专门找这样充满挑战的公司,因为我们能稍有作

---

① "给猪涂口红"跟16世纪中叶很有名的一句谚语"母猪的耳朵做不成丝绸钱包"表达的意思差不多,都比喻想要把丑陋的事物变美好而做的无用功。——译者注

公益让广告收益更大

为,改变现状,那这样广告的影响力会超过我们合作过的公司或合作过的非政府组织。"

(我问道):你会不会在讨论中站边,还是说你只是旁观者,看着他们辩论。

(广告策划人回答道):在那天结束时,我做了决定,拒绝与矿业公司合作,尽管我意识到,我们想以广告人的身份影响合作的公司,但我同样意识到,这家公司没有下决心改变自己,或者下决心纠正正在犯的错误,我对此感到很不爽。

结果是该公司并未以此为理由断然拒绝合作,但受访的广告策划人认为他们肯定会拒绝的,这样的工作实际上就是"给猪涂口红",广告人常用这个词组来描述掩盖品牌本质瑕疵的尝试。虽然广告人经常感叹,他们要为公司商业客户"涂口红",粉饰道德瑕疵,但企业社会责任广告中给它们"涂口红"的问题更大。广告工作的正直性包含了广告的道德性质。

公益工作当然不仅只关乎道德性,还包括考虑商业目标,对创造力和劳动的认可以及获得奖励和职位晋升等各种缠绕在一起的因素。然而,当受访者陶醉于谈论道德时,他转移了所谈论项目中的另一些因素。对于商业客户和公益组织而言,二级企业社会责任广告的工作结构虽然大不相同,但道德方面的相似工作成了它们的共同点。

第二章
公益工作中的道德感

本章小结

广告人所谈论的道德是他们理解其参与公益工作的价值的最重要的一种方式。广告专业人士在公益工作中首先接触的也是道德感，显然道德感也是广告人期望大众感兴趣的首要事情，道德感很大程度上也是广告活动的官方宣传语。广告人在接受媒体采访，谈论公益活动时，将不同类型的善交织融合之后，呈现为一种官方说辞，在此情形下，道德的善占据上风。

一些道德的善是关于自我的展现和代理品牌的展示。然而，有关道德感的词汇并不是浮于表面的虚饰，也不是隐藏了公益工作"真正"吸引力的正当词语。公益客户让广告人得以在诱人的领域有所作为。这不仅因为广告人从事公益工作可以推动自己所热衷的事业，公益广告活动也不仅是公益组织传递道德信条的媒介，而且公益广告工作本质上给了广告人机会，让他们感觉自己有必要去认同客户，认同这项事业。广告人不仅能传递良好品德，而且能作为道德主体通过行动塑造良好的公益形象。广告人所从事的公益事业不仅是实现使命的手段，公益事业本身也是工作目的所在。公益工作的强大诱惑力在于塑造道德品质的机会，不仅可以使广告人有所贡献，还能成为自己想成为的某种人。

道德感并非只有塑造广告人与公益客户之间良好关系这一个益处。虽然广告人做出道德承诺很重要，在各种情况下都存在这样的道德承诺，并在超越工作之外的范围定义自我，但这只是

> 公益让广告收益更大

很多益处中的一个。公益工作本身有多种维度,公益工作对人们事业和声誉有着重要意义,公益工作有时会与道德感相匹配并融合,有时会让人紧张,让人崩溃。

回顾关于各种善行的多神论隐喻,道德感只是居住在"万神殿中的一个"神。下面,本书将转向"其他的神"。

第三章

出色工作,还是非异化劳动的馈赠

公益让广告收益更大

在访问麦肯世界集团①的广告策划人时，我们问他是否曾拒绝过公益项目。他思考片刻，然后分享了他之前工作过的广告公司的一个案例。令人惊讶的是，在他的叙述中并没有涉及本书第二章提到的道德领域。他拒绝此公益广告并不是因为该公益广告有悖道德感，或者是因为他不愿随意付出时间和精力，与此相反，他的回答指向另外一个领域。

这位广告策划人回忆，他曾有机会通过美国广告委员会与一位客户合作。美国广告委员会代表了公益组织和美国政府部门开展的公共服务项目。美国广告委员会为民间组织和广告公司牵线搭桥，这些项目实际上相当于公益工作，不过它们会接受来自美国广告委员会的资金。美国广告委员会介绍的项目成了令人梦寐以求的项目，因为其既有资助以提高生产价值，也有预算以邀请媒体报道，吸引更多关注，有时还会成就标志性作品。尽管有这样的牵线搭桥，有崇高的公益使命，这位广告策划人和其所在的广告公司还是断然拒绝了这个项目：

> 当时的情况是这样的，我们已经拿到了这个项目，但当时的客户带着之前跟他们合作过的广告公司的想法，并坚

---

① 麦肯世界集团成立于1902年，总部设在美国纽约，公司创立超过百年，是全球著名的跨国4A广告公司之一。麦肯世界集团是世界上最大、最完善的广告服务网络系统之一，麦肯世界集团投资建立的独资或合资广告公司遍布全球。——译者注

第三章
出色工作，还是非异化劳动的馈赠

持要实施该想法，就好像要再来一轮一样。我们当时的反应是，不可能！如果接受，我们就完全无法发挥创意，做有趣的工作了。而创意和有趣工作恰是公益客户能带给我们的，如果我们接受重复着前一家广告公司的工作，显然我们就没机会发挥创造力了。除此之外，通过和客户的一次简单对话就可以看出他们对新工作的兴趣了。如果你感觉到客户对新工作很不感兴趣，尤其那种"不走心"的客户，那么从事公益工作的过程会很烦心。

只有道德感还不够。在上述情况下，并不是该公益项目不值得一做，让广告策划人犹豫不决要不要参加该公益项目的并不在于该项目的价值，而是广告人需要有机会发挥创造力，让工作变得有趣。也就是说，执行一个预先确定的想法可能会削弱广告人对公益广告项目的掌控感。客户提出的要求不能违背这样的基本期望：公益工作不仅需要有道德满足感，还需要有广告工作的过程，要有劳动的过程。

除了获得道德满足感，无偿工作还构成了一种特殊的礼物交换。广告公司无偿为客户提供广告策划，发挥创造力，这是广告人赠给公益客户的礼物，与此同时，公益客户也向广告人回馈礼物。好的公益活动可以让广告人有机会获得道德满足感。同时公益活动也让广告人有机会在广告工作方面有所作为，提高广告工作的质量。因此，广告人借着公益工作可以避开与商业客户打交

公益让广告收益更大

道带来的挫折感,而公益客户不会控制广告人的工作,或者是公益客户明白他们不应该干涉广告人的工作,如此一来,广告人就有机会体验到不同的工作方式。

但这种礼物交换属于哪一种交换?与人类学家长期以来的观察一致,礼物是管理社会关系和地位的方式。礼物与社会关系和地位密切相关,因此,某人赠礼的多少和赠礼的时间决定了某人在赠礼关系中的相对权力。赠礼是一种实用的技巧,人们算计着要礼送何处,具体要算到何时送礼,送多少礼。社会学家乔治·霍曼斯(George Homans)在其一篇关于不平等交换的文章中指出,对不可偿还的礼物,回礼的唯一方式就是顺从,因为没有什么礼物可以回馈,处于弱势的一方唯一能提供给强势的一方的就是其社会地位。

从这个角度而言,公益工作位于两种交换方式的间隙中,一边是根本不平等的交换,兑现承诺遥遥无期,另一边则是干脆利落的交换,在交换过程中就兑现了承诺。公益工作是慈善事业中的馈赠的一种形式,是"纯粹之礼"。这份礼物的结构非常复杂。虽然最终的礼物属于公益组织所服务的人或公益事业,但实际交换礼物的双方是广告公司员工和公益组织员工。作为客户的公益组织与公益工作的最终受益者并不相同。公益组织允许广告人参与公益事业,因此公益组织是公益事业受益者和广告公司之间的中介。在现实礼物交换的过程中,公益组织派出了有不同工作经验的专业人士,使参与公益事业的人员多元化。正因此,美国广告委员会规定,广告策划人在其他公司广告基础上修改属于违规行为,公益组织可以"直接拒绝"。公益组织赠给广告公司的礼物是广告公司可以发挥创造力,打造令人满意的原创广告作品。公益组织关注了公益广告的道德层面,而没有参与公益广告的制作,但他们对不同类型的善的观点发挥了作用。因此,在某些情况下,广告人在公益工作的道德价值和其劳动过程之间要进行取舍。在上述案例中,广告策划人揭示了两种善相互对立的取舍。如果公益工作的道德层面令人信服,那么值得一做。但是,如果公益活动"不走心",只是机械化执行,那很难与广告人的劳动价值相匹配。

我们注意到广告人在讨论公益工作时,会权衡许多与广告工作有关的不同考虑,他们谈论到了创作自由,谈到了愿意尝试的广告职位类型,以及客户对他们的态度。他们重点谈论的是广告人的工作条件和他们与广告工作之间的存在主义关系。

广告的创造性

广告是一个矛盾的职业,是创意产业,但广告的创意表达直接服务于商业客户。没有哪一个发挥创造力的职业(比如设计师或建筑师)可以完全摆脱物质限制。即使是人们常说的秉持着"为纯粹艺术而艺术"观念的艺术家,他们也不得不为养活自

公益让广告收益更大

己而从事艺术创作。毕竟，大多数早期现代画家都由其赞助人聘用，由赞助人委托他们进行艺术创作，或者赞助人会通过其他方式支持艺术家的艺术创作。广告人在采访中并没有抱怨他们受人聘用，成了枪手，因为这是他们的工作。事实上，设计师们认为，吸引他们工作的是商业和艺术的结合，而不是遭到稀释的纯粹创造力。

在访谈中，广告人对此也持有一样的看法。为客户制作创意广告必须结合客户的商业目标和广告人的技能。身为广告人，创意工作并不是复杂且崇高的理论问题，而是更直接，也更平淡的事情。换句话说，创意工作充满挑战，而且属于实践工作。在创意工作的过程中，广告人会对客户有所抱怨，这可以看出广告人渴望做一些有趣的工作，以此展示他们的才华和娴熟的艺术表达技巧。广告人想创作出引以为豪的作品，该作品要有美感、有表达力。即使广告人在无偿付出劳动时毫无怨言，他们还是想对自己的工作有所掌控。

但广告人一般无法掌控自己的工作。毕竟，客户投入了大量资金，他们要支付广告公司的劳务费，要支付广告制作成本，还要大手笔在媒体宣传方面砸钱。对于客户而言，日后的投资回报率很重要。一个广告可能创意十足，但如果不能推动销售，那在很大程度上，这样的广告对客户来说毫无价值。还有更糟糕的情况，一些广告引起的争议，反而会拉低商品销售。广告人一再抱怨他们日常遇到的客户过于保守，虽然客户常说希望看到"大

第三章
出色工作，还是非异化劳动的馈赠

胆"的广告作品，在竞争激烈的消费品市场中听到自己品牌的声音，但实际上，客户为了降低风险，会放弃广告创意人更大胆的作品，转而被传统广告的陈词滥调所吸引。

因此，广告人总是不断抱怨，他们与保守客户商讨广告方案时，总是会受到限制。"好客户"给了广告人更多自由，让广告人创作出更冒险、更有趣的作品，广告人口中的"好客户"对颠覆性广告作品更宽容、更感兴趣。然而，大多数客户并没有这样的想法，他们对于广告创意人和广告策划人的大胆想法嗤之以鼻，或者淡化这些大胆的广告想法，最终让创意变得面目全非。正如一位广告公司的客户经理在描述广告工作时说，他存在于客户和广告公司创意策划团队之间，是他们之间的调解者：

> 广告创意人和客户之间总会出现意见不合，这是我工作中最困难折磨人的部分。广告创意人总会说："我们的想法完全正确，但客户不会这么想，他们只会让创意变得糟糕。"广告创意人和客户之间意见不合的情况每天都会出现，每时每刻都会出现，意见不合贯穿工作全程，令人心情沮丧。

在这种背景下，广告人理解了公益工作。正如一位广告创意人所说，为大多数商业客户工作时，会让我心情变差，而公益工作带来的情绪体验则完全不同，在公益工作中，我可以尽情释放我的创造力。我们采访过的一名广告创意人谈到公益工作时说：

公益让广告收益更大

"公益工作不是负担,而像在释放我那日常受到拘束的创造力。"

在下文,广告策划人解释了公益工作为什么对广告人具有吸引力:

> 公益工作从创造角度而言,你从事着新工作,拥有更纯粹的创造性,不受客户限制,包括客户要求的广告美学、修辞或音调元素,也免于受政治影响。广告人不必应对这些事情,不必因客户的想法而让创意变味。客户觉得,"我的工作是营销,所以从我的角度而言,广告不应该这么拍。"你要明白一点,我们总是与客户在广告要求方面来回纠结,客户有时会接受一些很不错的想法,然后慢慢让不错的想法变得平庸无趣。

> 说实话,当前广告业现状是,客户公司的首席营销官(CMO)每18个月就得换一次。如果首席营销官在公司不能扭转销售现状,让品牌陷入了困境,或是首席营销官仅仅提高了品牌知名度,但产品销售方面却没有任何改变,他们就都不是称职的首席营销官,而且他们也不会鼓励团队从事公益活动。优秀的首席营销官选择信任广告公司,但大部分首席营销官出于恐惧,会告诉你,"不,算了吧,不能做这样的广告,还是坚持传统广告吧,多拍点产品。"你能明白吗?客户会说,"多拍点产品、多拍点产品、多拍点产品"。客户做出最终决定还是基于"要促进产品销量,销量第一"的观念。

第三章
出色工作，还是非异化劳动的馈赠

这位受访者努力理解客户，他面临着推动销售量的持续压力和极其不稳定的职业生涯。客户公司的营销部需要更安全有效的方式方法。正如另一位广告策划人用同情的语气表示，"客户公司营销部的处境也很艰难。"这位广告策划人认为"大胆"的广告实际上可能会推动销售额，达到预期效果，而大多数受访的营销人员坚决否认"大胆"可以促销的想法，这也就意味着"大胆"的广告创意通常会遭到拒绝。客户宁愿产品形象继续平淡无奇，只要大众喜欢就行，他们不愿冒险拥有那些有情感冲击力的颠覆性的原创作品。毫无创造性令广告人失望。

此外，正如这位广告策划人提到的"客户需求"，客户会仔细考虑品牌之前打造的美学形象，例如，品牌的某些颜色和字体必须保存。比如经过几十年精心打造的知名品牌可口可乐，有自己的视觉语言。广告人必须遵从品牌过去的形象，客户通常会规定公司品牌应该唤起的情绪，规定品牌视觉效果和情感认同。虽然广告公司各不相同，但客户要求他们都要保持品牌美学形象的完整性，很少选择变革品牌或"重塑品牌"。简言之，客户有充分理由可以解释其保守的态度，解释为何纯粹创造性工作常与其他事物混淆，或常常不被同意。

对于广告人而言，日常工作持续受挫，公益工作则能带来完全不同的感觉。首先是工作管辖权。除了主要的公益组织外，广告人无须与客户公司的营销部争论。即使公益组织内部存在类似营销部的部门（例如，大型公益组织的公关部），此类部门也很

公益让广告收益更大

少干预广告人的工作。此外,由于公益组织没有在媒体宣传方面投资,所以相比商业公司,公益组织承担的风险更小,也因此给了广告人更多自由。就本质而言,即使是没什么效果的广告运动,对公益组织影响也不大,充其量是令人失望的结果,但多半并没有什么大的影响。

从更基础层面而言,少数公益组织会觉得广告公司的想法过于"大胆"而拒绝广告方案,公益组织和广告公司非常清楚双方的交换条件。Hyperakt是一家小型精品广告公司,称自己"位于社会变革前沿",该公司创始人兼创意总监朱莉娅·泽尔策(Julia Zeltzer)抓住了公司定位。

在描述该广告公司最近一次成功的公益广告活动时,泽尔策解释道:

> 公益客户说"要突破界限!"时就给了广告人自由。但有了与客户合作多年的经验后,你就可以懂得,广告人自由的边界止于哪里,广告人可以尽其所能推动边界,但我有时感觉,广告人把边界推得太远。于是,广告人会提供两个方案,一种是美观保守的广告,另一种广告则非同寻常,离经叛道。而公益客户最终会选择后一个"大胆"的版本,这很振奋人心。在批准广告活动阶段,客户会支持广告创意人的梦想。在后续采访中,泽尔策对"突破界限"的广告活动赞不绝口,并指出,"如果你有时间,那为什么不参与这样

第三章
出色工作，还是非异化劳动的馈赠

的广告呢？为什么不继续打磨自己的能力，继续突破能力界限呢？"

泽尔策的叙述中展示了礼物交换的两个方面。在本书第五章，广告公司客户经理策划公益工作时，通常会选择对"具有颠覆性的大胆作品"持开放态度的公益组织。正如泽尔策所说，他们要判断客户是否会允许广告创意人"发挥创造力"，能否把这种态度贯彻工作始终。从受访者的角度而言，公益活动的优点在于客户可以兑现礼物交换承诺，让他们自由创作。所以面对两种类型的广告，公益客户选择承担风险，选择广告公司更感兴趣的"大胆"的广告。

此外，公益组织代表公益事业的本质让广告人更有成就感。引用之前一位广告策划人所说的话，相比日常的产品销售广告活动，公益事业大不相同。日常工作中，商业客户的指令是"商品销量为重"，她补充：

> 公益事业是截然不同的，是吧？因为公益事业不需要拉动销售。公益事业卖的不是产品，而是推销一种理想、一种价值体系或一种服务，于是广告人会产生渴望情绪。广告工作的本质就是要带动情绪，公益工作也要带动情绪，而大多数有创造力的人都渴望从事带动情绪的事业，而不喜欢那些按部就班的事情。说一个例子，"100% 干烤阿拉比卡咖啡

公益让广告收益更大

豆,咖啡只需 99 美分",这样的广告虽然没有创意,并不令广告人满意,但可以拉动销售。

20 世纪 60 年代,广告业出现过一次重大转变,当时,人们认为,由数据驱动的广告效果不如带动情感的广告。纵观广告业历史,这是一个重要的历史转折点。影响消费者情感的尝试虽然没有出现在 20 世纪 60 年代,但那个时期的"创意革命"巩固了情感在广告业的地位。自此之后,阿拉比卡咖啡豆目前的广告策略就是充分带动消费者情绪。咖啡豆的营销点不再是价格或质量,而成为友情或家庭幸福的代表。"从情感出发"的广告营销活动不再是例外,而成为广告业的规则。而公益活动充满了带动情感的事实。

然而,广告策划人陈述了公益广告与商业广告营销活动一个重要区别。虽然广告业普遍需要情感联系,但公益广告提供的情感更接近"纯粹"情感。就广告活动情感而言,公益工作更重视带动情感。为患者、穷人和孤儿提供广告服务不仅是人性善良,还代表了广告人重视的道德事业,他们可以通过公益事业实施有效的情感诉求。从事公益事业会直接影响广告人的工作经验。

尽管广告创意人并未把自己当作纯粹的艺术家,但他们往往认为,创造性劳动需要创造者与产品之间建立情感联系。因此,许多受访者谈论到,让商业产品出现在带动情感的广告中,是一位广告工作者在工作中实际存在的挑战。一位广告创意人说:

第三章
出色工作，还是非异化劳动的馈赠

从某种意义而言，广告是一门艺术，广告的本质是让观众接受某种产品，然后必须为某种产品创造出某种哲学，也就是产品存在的理由，为什么做这个广告。拿耐克鞋举例子，耐克鞋广告是鼓励人们加倍努力，勇于尝试，或者坚持做某件事情。因此，你得通过某种方式创造出神话，也就是从无到有的创造。但还存在一个阻碍，因为广告人必须想出来一些最基本的话语，一些"瞎掰扯"的话，虽然"瞎掰扯"用词不准确，但广告就是创造宣传语的艺术。你必须心怀忠诚，起码有 50% 的忠诚也行，全身心投入宣传语创造，如此一来，广告的核心就有了。对于公益客户，公益事业的宣传语没必要撒谎，公益事业的内核无须谎言。例如，公益组织想帮助难民，那这就是公益事业和公益广告的核心，以此做广告即可。比如，联合国儿童基金会相信儿童生命是神圣的，那就以此做广告，这就是公益事业的核心。广告人必须寻找做广告的途径，让观众关心这种公益事业的内核。而不是说，我必须想出关于耐克鞋的 X 哲学作为广告的内核，然后想出广告创意推动人们为"行动起来，只管去做"的耐克鞋的 X 哲学买单。这里的 X 哲学即耐克鞋的广告宣传语和战略定位。

尽管受本书访问的许多广告创意人欢迎耐克这样的产品，欢迎为广告创造"哲学"的挑战，也并不会把创造哲学的行为描述

> 公益让广告收益更大

为欺骗行为,但上述广告创意人的叙述揭示了创意团队在商业广告中要承担的额外责任和负担。为广告活动进行内容创作前,广告创意人必须先有"哲学核心",也就是让潜在消费者与广告营销活动能产生情感联系的哲学。相比之下,公益事业的性质让广告创意人不用虚情假意想出"胡说八道"的哲学。在一些更糟的情况下,你不得不"撒谎","撒谎"就不仅是道德问题了。对于公益项目,广告人不用想出真假参半的广告哲学内核,他们可以更容易提出吸人眼球的创意工作简报,更易于开展带动情感的工作。正如另一位广告创意人称:"我们很容易喜欢上公益事业的广告活动,从事公益事业也更容易让我们打开创意之门。"

追踪广告诞生始末

对工厂工作的研究通常始于劳动分工。现代社会之前,人们认为,工匠通过个人劳动创造了一个物品世界,工匠一生都在制作产品。工匠需要为其从事的职业购买材料,亲自参与从原材料到制成品的全过程,制成品随后在市场上以件计酬,进行交换。虽然这样的商品交换仍可能产生某种剥削制度和异化劳动,但这些人所做的工作仍然属于他们身份的一部分。关于非异化的劳动,正如马克思所表达的思想,动物只是根据它所属物种的标准和需要来塑造事物,而人类知道如何根据每种物种的标准来生

第三章
出色工作，还是非异化劳动的馈赠

产，并且在任何地方都知道如何将固有的标准应用于物体。因此，人类也按照美的法则来塑造事物。产品和工作不会立即属于他人，因此，制作产品不意味着自我的丧失。产品并没有从人的属性中"疏远"出去。

但是，资本主义的出现改变了这一切。资本主义把劳动过程分为多种小角色，多个小零件。古典经济学家亚当·斯密（Adam Smith）在《国富论》(*Wealth of Nations*)一书的开篇以一首著名的赞歌开始，该赞歌对制针劳动的分工赞不绝口，制针任务的分散让针厂工人可以生产大批量的针。劳动分工和对劳动技术要求的降低成为工业资本主义兴起的标志。劳动出现了彻底的分工，把劳动转换成了一成不变的劳作。然而，如果所有工人整天都拧螺丝，制成品属于他们吗？如果劳动成为任意劳动者都可以重复的劳动，那劳动还可以与具体劳动者建立深刻的关系吗？如果人性变为动物性，那这样的工作是否剥夺了劳动者的人性？

乍一看，这些劳动过程似乎与广告人从事的工作关系不大。虽然对于常规的体力劳动者，创造力的丧失显然无关紧要，但对于创造性白领职业而言，劳动分工带来了更为强烈的疏离感。然而，正如其他在艺术与商业之间游走的创造性产业一样，劳动分工在广告业留下了重大印记。在整个广告业，广告公司将广告劳动分成了离散的部分，尤其在大型广告公司更是如此。

正如本书前面提到的，本书采访对象包括高管、广告创意人、广告策划人和客户经理。然而，这些劳动角色并非一直存在。在广告业早期,客户经理和广告创意人之间划分明显,客户经理是与客户密切合作的商人,他们的工作是在广告公司代表客户利益,而广告创意人的工作是负责广告的文本撰写和视觉语言。在广告界和流行文化中,这通常是"西装革履的商人"和"创意艺术家"之间的区别。

在过去几十年间,客户经理和广告创意人之间进一步出现了划分。首先,广告创意人的职责分为负责文本的"撰稿人"和负责视觉元素的"艺术总监"。20世纪60年代末,在英国,广告人职业又出现劳动分工,这样的分工在20世纪80年代传播到美国,此次分工让广告界出现了"策划"部和广告策划人(或"广告战略家")的职业。这些专业人员受邀前来担任广告专家和广告研究人员。广告策划人的工作是:开展初步研究,对研究进行审查,为营销方案提出总体战略指导,然后给出方案,让创意团队"执行"方案,这一过程在不同阶段需要不同部门之间进行协调。此外,随着广告工作转向电视广告,广告业再一次分工:广告创意蓝图的概念化,而不是实实在在拍摄广告。正如广告人所知,在拍摄广告时,无论是选角、摄影还是导演在片场的工作,都需要广告人做出最重要的决定。

简言之,广告工作被切分得支离破碎,在中型和大型广告公司中更是如此。在数字时代,广告形式更加多样化,广告公司的部门可能还会包括设计部、搜索优化部、社交媒体部、用户体验部,还有账户管理部、创意部、策划部和广告制作部。在商业项

第三章
出色工作,还是非异化劳动的馈赠

目中,负责赢得客户的广告工作人员和为客户构思、设计或制作广告的广告工作人员通常不是同一批人。为客户服务的广告工作人员通常进一步划分工作。虽然广告人的工作与针厂工人的工作大不相同,但广告人感觉自己所创造的东西远不属于自己,和工作中缺乏创意的劳动人员并无二致。

而在公益工作中,劳动的划分又不一样了。受访者称,服务于公益客户的广告人可以自己规划工作时间,从活动开始,就会给予广告全程关注,跨越了工作的管辖权界限,打破了传统的劳动分工。正如一位广告创意人说,公益工作的优势之一是让她可以尝试其他类型的工作,担任其他专业职位,做平时不会做的工作。

广告创意人认为尝试担任不同职位是公益工作最为明显的优点。在公益工作中,广告创意人常谈到两种其他职务:广告规划工作和广告执行工作。在本书开篇,领导"水即生命"公益活动的创意高管门诺评价道:

> 广告公司有时候就是在销售商品,你能明白吗?在销售商品的过程中,广告公司就像一台大型机器,客户想让广告公司变成一台机器那样运转。因此当我们参与公益组织或公益事业的创造性工作时,广告创意人会去掉广告的商品属性,找出令人感兴趣、大众所关注的点,自己做些研究,搞清楚事件的来龙去脉,而不是像一台大型机器那样运转。这

> 公益让广告收益更大

样的管辖权范围之战很常见,参战双方为广告策划人和负责执行其战略思想的广告创意人。虽然一般情况下,广告策划人与广告创意人的合作顺利,广告策划人会小心翼翼地提出想法,让创意团队在想法中留下印记,但广告创意人有时会觉得他们被迫执行别人的想法。双方似乎有特别明显的摩擦,因为广告策划人的职业出现较晚,属于相对较新的职业,同时,广告策划人的管辖范围侵犯了广告创意人的职业领域。在作者进行的民族志田野调查①中,他目睹了广告创意人进行反抗的时刻:广告创意人有时说,广告策划人提出的想法太过具体,干扰到他们的工作,有时会抱怨说广告策划人提出的方案根本无法实施。而公益项目可以让门诺的广告创意团队从一开始就负责广告中原本就属于广告创意人的工作,门诺很高兴能有这样的机会"把多余的部分全部剔除"。

在公益广告中,广告创意人参与了广告业更基础的部分,参与了广告制作的全过程,以广告人少见的工作方式实现其广告愿景。说起"水即生命"公益活动,门诺和其同事山姆和弗兰克在

---

① 民族志研究是人类学、社会学重要的研究方法,在人群中实地调查和理解文化与社会。随着民族志研究方法的广泛应用,其他专业领域也开始尝试将民族志研究应用于自己的领域。田野调查又叫实地调查或现场研究,主要用于自然科学和社会科学的研究,如人类学、民族学等。——译者注

第三章
出色工作，还是非异化劳动的馈赠

各自的采访中都滔滔不绝地讲述起来，说他们去海地拍摄"第一世界问题"广告时，如何扛着摄像机，如何使用打光板。正如弗兰克所说，他们从广告公司获得批准后，在开始制作广告前，三人"在那个周末喝了点啤酒，然后就拍了这部短片"。

"水即生命"公益活动算得上是一个"战争故事"，这个故事是一个团队制作广告的故事，强调了团队要具备韧性和独创性。尽管这支队伍是临时拼凑结合，靠一起喝啤酒稳定情绪的，但他们扛起了重任，最终取得了"战争"的胜利。成功不仅与个人独创性有关，也强调团队参与的重要性，广告人有机会在广告制作中担任他们不熟悉的职务。本书还注意到，至少对一些受访者来说，参与生产过程有助于拉近对遥远的事情的感知。换句话说，从事这样的工作使遥远的慈善"纯礼物"的接受者成形。然而，这种情况在采访中比较少见，因为制作者很少与这些礼物接受者会面。其他广告创意人在接受采访时也谈到了公益项目可以让广告人尝试新角色的这一特点，他们称担任新角色可以"拓展自己的机会"。比如，在一场为无家可归的年轻人筹款的时装秀上，格雷琴（Gretchen）担任艺术总监，她称，在此期间，她必须完成日常工作中不会参与的工作，比如聘用制作团队，参与广告制作：

> 我亲自挑选了一个我愿意一起共事的人，让他作为广告的摄影师兼导演。我请他喝酒时对他说："我想这样拍广告，

公益让广告收益更大

想请你来拍,你有空吗?你会来吗?或者,我们可以找你吗?因为你能明白我的想法。"他听完我的广告主意后欣喜若狂,我都还没说完,他就说,"太棒了!这主意棒呆了!我特别想参与。"从创作的角度,我获得了拍摄这部广告片的最佳人选,这让我的工作体验变得特别愉快。随后,我除了要负责日常艺术指导和导演工作外,还参与了文案工作,这样的工作体验让我心情愉悦,同时,我深入钻研学习了这些工作。一直到广告拍摄结束之前的广告文案都出自我手,写文案真的特别有趣。

在创意人员的陈述中,最引人注目的部分是他们在工作中担任新的角色。客户经理更倾向于精干的小团队负责公益项目,小团队的成员通常只由广告创意人组成,无须客户经理、广告策划人和制作团队。不过,在采访广告策划人和客户经理时,他们也谈到了他们要负责的任务,还有漏洞百出的管辖权边界,他们称,自己参与广告创意部分的机会不多。在 Barton Graf 广告公司组织的"气候变化更名"公益活动中,我们采访了一位深入参与该活动的客户经理,她表示自己很享受创作广告的过程:

这绝不是我进公司(Barton Graf 广告公司)的原因,但我进入该公司后,当我和广告创意人谈论他们感兴趣的广告时,我一下就明白过来,我可能会参与广告创意的工作。这

第三章
出色工作，还是非异化劳动的馈赠

些广告创意人是出于某种理由从事该工作，他们的理由是：这是他们会真正关心的事情，他们正在世界上创造一种艺术形式。

在这位客户经理回答中有一点引人注目：客户经理虽然几乎从未把他们的工作描述为创造一种艺术形式，但参与公益工作让客户经理可以像创意人员一样谈论其工作。由于客户经理的全情投入，使她觉得自己在"创造一种艺术形式"，而不再是客户和艺术创造者之间的媒介。

回到劳动分工，虽然我可能不理解马克思"人的本质主要由其劳动产品决定"的看法，但广告人一旦可以从头至尾参与广告工作，他们就会觉得劳动成果属于他们。门诺谈到在一般情况下，他如何看待服务于公益项目的广告创意人时总结道：

> 参与公益活动的广告创意人做了大部分工作，工作量比平时更多，广告创意人要进行广告规划和账户管理等，有时我们在生产过程中会有所收获，这让广告工作更有个人意义。如果公益项目蕴含了个人意义，就会出现特别棒的部分，让世界见证我们的广告，然后世界给我们反馈，"天呐，我的天，这广告简直棒呆了！"这样的过程是广告创意人的自我提升，而不只是关乎产出更令人满意的广告作品。相比日常工作中的广告作品，公益工作中的广告作品更令人满

意，因为对于有些大投资项目，广告创意人可能只是其中一小部分的参与人员。

本书在下一章将追踪公益项目为何如此吸引人，部分原因在于"广告界"把公益工作看作是自己的作品，因此也可以获得世人对他们作品的肯定。但对于受访者，尤其是受访的广告创意人，在他们陈述中表达出的对公益工作的满意不能简单地归结为作品可以获得认可。简单而言，公益工作定义了广告人的身份，因为作品属于广告人，而这是其他商业广告所缺乏的。

广告工作

目前为止，本书分析了受访者就广告人和广告活动之间的关系的想法：具体而言，就是广告人的作品和广告业内部分工。但以上部分忽略了塑造广告工作的关键部分：公益客户，也就是广告人工作中的直接服务对象。

在广告人的讲述中，他们重点讲述了客户关系，这是他们最为忧心的部分。对于广告策划人和客户经理，客户的重要性更无须多言，相比广告创意人，广告策划人和客户经理直面客户的频率更高。客户的好坏区别显而易见，而且客户好坏对于日常工作非常关键。至少，在公益组织工作过程中，在广告人获得的

第三章
出色工作，还是非异化劳动的馈赠

反馈方面，客户好坏区分度非常明显。朱莉在一家中型广告公司担任广告策划，她向我们解释，客户关系是公益活动吸引人的关键因素之一。对于朱莉而言，从事广告业工作就像是坐"情绪过山车"：

> 工作有时候不给力，因为客户并不总是持开放心态，不会赞赏我们的工作。工作有时候还很虐心，虽然"虐心"一词不太恰当，但在某些时候，工作真的非常难做。但是公益工作又是另一回事了，从事公益广告让我发挥自己的作用。我感觉，大部分公益客户都是心存感激的，或者他们态度很亲切，或者他们对我们的工作赞不绝口。但是在平时工作中，我们遇到这样客户的概率不大。所以我从事公益广告的部分原因在于，我可以充分满足情感需要，这也正是我所需要的。当我与公益客户见面时，我与他们聊天很投入，情绪很激动，真是很不错的广告客户。

还有另一位广告策划人表示：

> 无论我们为公益组织做什么工作，即使是一件转头两分钟就可以完成的工作。他们在结束后都会向你道谢，对你说，"太棒了，表现不俗，非常感谢。我们知道你们很忙，我们在你们现有任务基础上还加了额外的任务，但这件事情

公益让广告收益更大

真的非常重要,你们帮了我们大忙了。"所以,公益客户懂得感激,热爱他们所从事的工作,对一切都表示满意。有这样的客户让难熬的广告工作变得可以忍受,因为你觉得,自己只是在工作方面累而已,没有别的担忧。

换句话说,公益客户对广告人最基本的反馈礼物就是感激。本书受访者谈到公益客户时,都表示大多数公益客户充满感激,这些客户态度好,事又少。遇到不懂得感激的公益客户的概率很小,而这些人通常会对广告人所做的工作不屑一顾,甚至还会乱发脾气。

如果公益客户不欣赏广告人的工作,某个公益广告项目甚至会泡汤。如同第三章开篇所呈现的受到广告人"断然拒绝"的案例一样,当公益客户不履行礼物交换协议时,广告公司有时会拒绝这样的公益项目,甚至"一走了之"。还有一个案例:某公益客户在工作刚开始时充满热情,情绪激动,充满干劲。当时这家公益组织的负责人是"一个相当高调的"慈善工作者。她获得了麦克阿瑟奖[①]之类的奖项,前途大好。这似乎是个有趣的机会,可以拓展工作领域,可以做"好工作"。然而,随着工作的开展,这位负责人难以沟通的态度很快就暴露出来了,公益客户与广告人的实际关系与广告人想象中的关系有所出入:

---

① 麦克阿瑟奖(MacArthur Fellows Program or MacArthur Fellowship,俗称"天才奖")旨在表彰在社会发展中发挥重要作用的创造性人才。——译者注

第三章
出色工作，还是非异化劳动的馈赠

当我真正参与该项目中，我意识到，这位公益组织的负责人并没有真正参与进来，她把事情委托给某位公益组织战略顾问，由这位顾问向我们交代任务，其间引发了许多令人摸不着头脑的事情。首先，我们很珍惜与这位客户的合作，但是她却对这次合作毫不感冒，只专注于她的慈善事业的推广，这也不能算她的不对。但还有第二点，我们意识到这位顾问根本没参与过公益事业，这导致我们花了大把时间去了解该公益事业，公益事业中参与人员繁多，各自工作又大不相同，而且大家的技能水平参差不齐，也就是说，有热情和有水平是两回事。

我与该顾问之间的几次谈话令人尴尬，这位顾问说，"这是你要做的任务。"我当时回答，"好吧，恕我直言，我不需要你来指导我，告诉我要做什么，因为，第一，我们无偿付出时间劳动。第二，我们专业，知道哪种方案更好。"所以，当时气氛变得尴尬奇怪，我当时的想法是，"我们和这个顾问说不通，和他谈话毫无意义，继续说下去，我们就如同对牛弹琴。"

公益组织没有直接与广告公司合作，而聘用了一名顾问，这让公益组织和广告公司之间多了一个其他组织。顾问好比商业客户的营销部，这位顾问对公益广告工作和工作完成过程有自己的想法。在某种层面上，顾问的存在和行为违背了公益组织赠给广

公益让广告收益更大

告人的反馈礼，也就是感激和创造力。

广告人自我感觉良好，因为他们"贡献"了自己的时间精力，所以他们认为不合格的顾问不应该指挥他们的工作，也就是说和顾问打交道造成了广告人额外的工作负担。通过详细了解该案例可发现，公益组织不仅没有给广告人他们所承诺的创造力，还派去一个一无所知的顾问，而且，广告公司乐于合作的公益组织的负责人也未参与广告中，而是集中精力处理公益组织其他事务。我把公益组织的这种行为称为背叛。因为，在商业广告中，商业客户的负责人可以命令广告公司人员做事，但公益组织的负责人不应该命令广告公司人员做事。

想要理解广告策划人产生的愤怒情绪，就要关注广告人对公益组织和对广告公司关系的根本定义。公益工作中的礼物交换常常改变了双方关系的定义。除了接受公益客户对他们表达的感激外，受访广告人一直把他们与公益客户之间的合作描述为伙伴关系，广告人不是为公益客户工作，而是与他们合作。

在公益客户不配合的情况下，问题不仅在于该客户不是合格的客户，还在于，客户的身份仅仅只是客户，不再是广告人的合作伙伴。

在受访者的描述中，成功的公益工作案例往往是双方相互合作的结果。一个案例是：深夜广告公司（Night Agency）是一家小型精品广告公司，该公司CEO埃文·沃格尔（Evan Vogel）描述了他为公益组织"让每一个孩子活下去"（Keep a Child Alive）所

第三章
出色工作，还是非异化劳动的馈赠

做的工作，该公益组织为全非洲孩子提供可负担得起的艾滋病治疗药物和医疗需要。在得知他参与的公益活动和公益组织的使命后，埃文谈到了与公益组织主席的合作：

> 她（公益组织"让每一个孩子活下去"的主席）有一股力量，是富有创造力的活动家。在广告想法中处处都有她的身影。她参与了公益活动全程，她并不只是表示支持公益活动，而是为实现这些想法做出自己的贡献。你要明白，对于广告人而言，配合的客户是最理想的客户，这种合作关系是广告人与公益组织负责人之间最理想的关系。也就是说，广告公司的公益客户比商业客户更重要，只有广告人与公益组织之间达成彻底合作关系时，才会有最好的工作效果。我们（广告人）无比相信，尤其在当今行业环境，如果你能把你的客户视为合作伙伴，那么在创造性方面，广告最终效果肯定会大获成功。"只分工，不合作"这样的态度不可取，而有时候客户的想法就是这样。

正如埃文解释，公益工作中可能会出现理想化的广告工作，客户和广告公司是合作伙伴。

至少在采访中，广告公司和公益客户间达成合作伙伴关系似乎普遍存在。对于大多数商业客户，即使包括"好"客户，合作伙伴关系仍然是白日梦。广告人希望自己最大胆的想法可以得到

公益让广告收益更大

客户批准，他们的专业知识可以得到客户真诚的尊重。广告人也可能会疑惑，如果我们与客户真的有可能达成合作伙伴关系，那效果是否如我们期待的那么好呢？在埃文的理想中，公益客户的态度要积极，既能配合广告人的工作，又能赞赏广告人的想法。

当受访者详细说明合作伙伴关系时，有一点变得愈加清晰。我们采访了一家精品广告公司的CEO，她谈到一个公益项目时，情绪特别兴奋，她认为这是一个为公益组织工作的成功案例。在描述该公益项目时，她语气温柔平缓，半开玩笑："这个公益组织每次提出要求时，都会向我们道歉"，随后补充说，他们这样的客户真是太棒了：

> 公益组织中的每个人都非常重感情，每个人都在乎事情开展得是否顺利。我认为正是这一特点让我们拥有了更多关于活动背景和活动本身的信息，而这些信息在其他情况下往往是缺乏的。由于大家关心这项公益事业，会花时间写一封长达十段的电子邮件，在某些情况下，这么长的邮件很烦人，但在公益组织，这样的邮件用处很大，从中可以获得很多信息。

因此，理想的公益客户属于合作伙伴关系，但又是一种特殊的合作伙伴关系。在合作过程中，公益项目属于公益客户和广告人，广告人可以感受到自己是公益组织和公益工作的一部分。也就是说，公益组织和广告人之间的合作伙伴关系让广告人成为第

第三章
出色工作，还是非异化劳动的馈赠

二章所描述的道德能动者。因此，受访的广告策划人和广告创意人强调，他们与公益客户之间都进行过长时间对话，通过对话，客户分享了公益组织相关案例的信息。同时，公益组织和广告人的合作伙伴关系让广告人可以自由工作，不再受到限制，而且在工作过程中，公益客户不会试图把自己的创意或战略计划塞到广告人的工作中。

随着时间推移，广告人和公益组织之间的礼物互惠同样巩固了合作关系。事实上，由于礼物可能只会暂时发生，市场交换和礼物交换之间还是存在区别的。市场在既定节奏中运作，而礼物存在一个不确定因素，礼物是"关系要素"中的一个基本要素。礼物也具有延续性。礼物并不是简单地出现在交换瞬间，而是随着时间的推移，随着参与者继续或终止礼物关系而获得的一些具有指示性的特征。当客户变为合作伙伴时，合作关系由于暂时存在的合作性质而变得模糊不清。让我们再次回顾有指导意义的"水即生命"公益活动案例，参与该公益活动的广告创意团队继续着与"水即生命"公益组织的合作，即使该团队先后供职于三家广告公司，还是继续着与该公益组织的合作。当我们谈到不同类型的公益活动时，对于与公益组织长时间的合作，门诺、山姆和弗兰克似乎时常感到困惑，门诺说：

广告项目很难开展，不管是有偿的、无偿的还是客户委托的，不管哪种情况，广告开展起来总是不容易。但同时，我自己也不明白，"水即生命"是我们合作了很久的公益组织，每当我

> 公益让广告收益更大

们在工作过程中遇到困难，再渡过难关时，都会感叹，"真是个艰难的过程"。但一个月后，我们又会说，"我们应该换个公益项目继续做。每次回想起来这些，都会觉得有趣。"因为我们每次都试着换方式做广告，只是为了让广告工作变得有趣，让广告工作继续吸引我们。"水即生命"公益组织的执行董事是克里斯汀·本德（Kristine Bender），她是一个特别勇敢的人，有时真的很难拒绝她，这感觉就像，我们困在与她的合作中了。

对于门诺而言，有趣的创造性工作很重要，因为有趣的工作正是第三章一直描述的享受广告工作的方式。然而，虽然创意团队每次从事公益活动时都发誓这是最后一次参与公益活动，但他们与公益组织的合作关系又会一直把他们往回拉。正如弗兰克在一次采访中提道："我仍然一直和克里斯汀保持联系。"广告公司与商业客户之间之所以存在长期合作关系，是因为复杂的市场交换关系。然而，由于公益组织和广告公司之间存在着礼物交换关系，使双方成为合作伙伴关系，这就让广告公司中断与公益组织之间的合作变得困难，因此这样的合作关系随着时间继续延续了下去。

本章小结

公益工作是慈善事业，公益广告是不求回报的免费礼物，公

第三章
出色工作，还是非异化劳动的馈赠

益组织是礼物受益者，而广告公司似乎只得到了道德满足感。但从其他角度思考，这种礼物交换也是广告人与广告人所服务的公益事业最终受益者之间的交换。诚然，广告人在采访中冠冕堂皇的谈论道德话题是他们面对公益客户时采用的谈话方式，这种道德话题描绘了企业社会责任，也代表他们的官方话术。然而，这种道德话题确实抓住了公益工作中包含的多个方面，本书只提到了其中的一部分。公益组织和广告人之间的关系是礼物交换的关系，公益广告作品就是一套相互交换的礼物。

对于广告人，公益事业往往充满吸引力。当广告人从事公益事业时，他们也有机会用自己的方式开展工作，而不是按照商业客户的方式开展工作，这是来自非异化劳动的礼物。由于公益组织和广告人之间的合作方式灵活，使公益组织可以让广告公司在工作中更大胆，并且接受广告公司提出的大多数想法。此外，由于公益组织在通常情况下预算微薄，人员有限，广告人会全程参与公益广告工作，完成本不属于自己工作范围的工作任务。最后，由于公益客户所表达的感激之情，以及公益事业通常可以让广告人开展带动情绪的广告活动，广告人感觉与他们合作的人不是一般客户，而是理想的合作伙伴。从广告工作的概念而言，公益事业让广告人感到广告属于自己，工作过程属于自己。广告人不是在为客户工作，而是在为自己工作。

与所有礼物一样，公益组织和广告人之间交换的礼物在一定程度上也不是稳定的。公益项目总会出现意想不到的状况。公

公益让广告收益更大

益客户有时会像商业客户那样，尝试在广告创意决策方面争夺更大的话语权，这时，礼物交换关系就可能出现裂痕。尤其在关于工作关系、创造力归属等方面出现问题时，广告人的情绪变得愤怒，让互惠关系结构中的深层部分破裂了。

　　本章深入探讨了公益工作的结构。我们并不以情境或个人作为分析层面，而是着重讲述广告人在特定的劳动过程中的工作方式。我们分析了广告人的职业，这里的职业指的是广告人与其从事特定工作之间存在的模式化关系。考虑到公益广告所面对的重要受众不止公益客户或分散的公众，本书需要调整分析镜头，转向广告人深耕的职业领域，以及该领域发挥善的作用的方式。

第四章

心照不宣：广告让你荣誉等身

公益让广告收益更大

2018年，广告界最重磅的节日——戛纳国际创意节[①]作出了一些改变。其中第一个改变就是大幅削减广告参赛费用。在广告成本普遍增加的时代背景下，广告公司对削减广告作品参赛费用有所抱怨，他们认为降低参赛门槛就等于降低了奖项的含金量。他们还抱怨将参赛人员派往法国南部城市戛纳的成本过于高昂。广告公司开始思考，如此大的成本是否物有所值。除了削减参赛费用之外，戛纳国际创意节还调整了奖项结构，重组奖项分类，扩大获奖范围。在戛纳国际创意节全新的奖项设置中，所有奖项被分为9个大类，分别是：经典之狮（Classic）、工艺之狮（Craft）、参与之狮（Engagement）、娱乐之狮（Entertainment）、经验之狮（Experience）、优秀之狮（Good）、健康之狮（Health）、策略之狮（Strategy）和钛之狮（Titanium）。其中优秀之狮包括了公益之狮、变革之狮和可持续发展之狮3个分项。但不论是大类还是分项都不是一成不变的，主办方在每届戛纳国际创意节都有可能重新设置奖项。

参赛成本高昂与重塑评价机制和重构奖项类别有什么关系呢？戛纳国际创意节为何新增慈善之狮奖项？我们认为这些变化是相互关联的。比如，由于广告人对艺术敏感，而商业客户对市

[①] 戛纳国际创意节设置了许多不同奖项，这些奖项都被命名为"XX之狮"。这些奖项几乎涵盖了广告、设计、数字营销、商业推广等有关创意的一切。评审们是来自世界各行各业的专业人士，每一行业会设置一个主席，这样可以更有效率地进行评审工作。——译者注

第四章
心照不宣：广告让你荣誉等身

场敏感，使得广告人和商业客户之间互不认可。因此戛纳狮像奖的获奖比例失调、分布不均，大部分奖项给了公益活动，令人唏嘘。戛纳狮像奖分布不均这一现状也成了行业现状，存在已久。其中，在2015年的戛纳国际创意节上，奖项分布不均的状况非常显著。在2015年的每一个单项评选赛的获奖广告中，公益项目都占据多数。

广告业两大行业杂志之一的《广告时代》（*Ad Age*）引述了广告客户的抱怨：广告客户一直持有怀疑态度，认为广告业内人士把奖都颁给了做公益广告的同行。尤其当广告客户考虑到参加各种广告比赛的成本时，他们认为，如果戛纳国际创意节可以更加关注商业广告客户，这样的戛纳国际创意节才会越办越好。可口可乐公司某位总裁沉思良久后称，广告公司"必须承认，相比以往，商业客户现在更加关注于提高收益和利润"。然而，广告奖项分布不均，大多数奖项被颁给公益组织只会阻碍这种趋势。随后他说："我在想，如果广告比赛的评委都是公司总裁，或者广告活动成功标准是为品牌创造经济效益的话，那比赛结果则会大不相同。"在这位总裁看来，戛纳国际创意奖不仅参赛费昂贵，还把奖项颁给了错误对象。

占据戛纳国际创意节广告奖项半壁江山的是公益广告。一些人觉得，把奖项颁给公益项目会让他们感到不安。正如可口可乐公司的那位总裁所认为，奖项集中颁给毫无商业价值的公益广告让他们感觉受到了轻视。一些广告人认为公益广告"可以毫不费力地实

> 公益让广告收益更大

现获奖目标"。《广告时代》文章中同样引用了BBDO环球网络公司一位创意总监的话（BBDO环球网络公司是全球获奖数量最多的广告公司），这位创意总监表示，公益广告作品可以发挥创意，也更容易获得戛纳狮像奖，因为"相比复杂，令人疲累的商业广告存在的问题，公益广告需解决的问题更为单一，更加简单。"这位创意总监还认为，戛纳狮像奖存在的问题，不仅是把奖颁给公益广告，还因为它把奖颁给了错误的对象，该奖太轻易地定义了公益。

戛纳国际创意节为自己辩护，义正词严地否认了《广告时代》中的控告。某位戛纳国际创意节发言人称："许多人对公益作品获奖存在误解。"这位发言人补充说："人们对戛纳国际创意节的误解越来越严重，这是我们正在调查的部分。公益作品在戛纳国际创意节的获奖率历来在10%左右。2015年则一反往常，公益作品获奖率飙升到了22%，但在2017年，公益作品获奖率只有6%。"但即使是10%的获奖率，也意味在戛纳国际创意节获奖的大部分作品是公益广告作品，因为广告公司的商业作品获奖率仅为2%到5%，因此公益作品赢得奖项的概率相比商业作品可能高出5倍。

有了来自商业客户和一些广告人的压力，戛纳国际创意节重组其奖项结构。戛纳国际创意节并没有把公益广告放在其他参赛广告大类中，而是单独成立一个类别，清晰地把公益广告的奖项与商业广告分开。戛纳国际创意节在重组奖项结构后宣称，一切慈善广告和公益广告会单独评审，不会和品牌商的商业广告作品

第四章
心照不宣：广告让你荣誉等身

混为一谈。

这一系列事件意味着戛纳国际创意节会有多个主题，多种作品分析方式。首先，戛纳国际创意节要在创意作品广告和商业用途广告的广泛领域里确定公益广告的位置。其次，戛纳国际创意节突出了奖项和公益广告之间密不可分的关系。最后，戛纳国际创意节让公众得以目睹广告人对公益广告的矛盾感情。但是为理解公益广告和戛纳国际创意节奖项之间的关系，我们先要明白广告奖项的大致定位。即使公益广告赢得广告奖项，真的重要吗？为什么《广告时代》和《广告周刊》（*Adweek*）还有可口可乐那位总裁会持续关注公益广告在广告大赛的获奖比例？

答案很简单，因为奖项在广告界很重要，在广告人的想象中，广告大奖会无意间来到他们身边。广告人在戛纳拍下照片，每年初夏，那些获得广告奖项的幸运儿肯定会在照片墙和脸书[①]上面晒出照片，这是比奢华假期更胜一筹的象征。如果学者得到了受人追捧的奖项，他们通常继续其职业生涯。奖项带来身份地位，是合法性象征，是官方认可的形式。然而，除了一些被赋予神圣性的大奖，如诺贝尔奖和菲尔兹奖，获奖并非获得声望地位的主要方式。但在广告界，广告大奖是业界的认可，是获得地位和价值最为重要的方式。除了戛纳狮像奖，还有许多其他广告大奖，其中包括标志着"广告创意创新、设计与交流"的克里奥广

---

① 2021年10月28日，脸书（Facebook）改名为元宇宙（Meta）。——译者注

> 公益让广告收益更大

告奖；区分最高级别"设计和艺术指导"的 D&AD 铅笔奖。接受本书采访的广告人的办公室的中心位置都摆放着获得的各种奖杯：戛纳狮像奖、D&AD 铅笔奖还有克里奥广告奖，这些奖项整齐地排列在展架上。当访谈谈及道德感和非异化劳动等话题时，这些奖项变得愈发醒目。

上一章主要讲述获奖广告人和广告公司对获奖方式的看法。因此，本章转换分析视角，从单个广告人转换到了更为广泛的广告界中公益工作开展方式。在整个广告界，广告人竞相争夺着广告界的中心地位，而公益广告又是定义广告界身份名誉的重要标准。本章回溯了广告奖项的发展史，以及广告公司和广告人以何种方式参与奖项中。本章揭示了为公益而广告的行为如何凸显出了广告界奖项的矛盾。公益广告获得广告大奖成为一种获得行业认可和神圣的方式，同时传递广告与世俗世界的联系，也就是广告与薪水和商业发展的联系。因此，一些受访广告人认为公益广告和获得广告大奖之间的联系不存在任何问题：公益广告项目是份好差事，公益活动功德无量，牵动人心，与此同时，公益广告大胆创意，所以，优秀作品理应获得业内认可。但是另一些受访广告人有时会觉得公益广告和广告大奖之间显而易见的联系让人感觉羞耻，广告人总会因此坐立难安：公益广告单纯为了做好事，而公益广告带来的名誉和升职加薪似乎意味着做公益广告的广告人实则是自私自利，只为自己着想，这种纠结和紧张的想法是广告人在工作过程中必须要面对的。

第四章
心照不宣：广告让你荣誉等身

广告界奖项

　　奖项是褒奖业内优秀从业人员的一种形式，是认可专业人员，授予专业人员身份地位，授予行业特有"标志性头衔"的一种方式。因此，广告业与其他创意性职业之间的差别并不是太大，广告大奖也因此变得非常重要。

　　然而，相比其他职业领域，广告界特定的组织架构让广告大奖在广告界更为重要，有两个原因。首先，广告界企业家花钱建立评审制广告比赛，是为了让广告业成为职业。因此，广告大奖成为展示广告人创意和灵感的官方渠道。同时，设置广告奖项是为在潜在消费者的心中建立广告公司声誉。其次，广告奖项可增加获奖广告公司的曝光度，凭借热议广告可带动产品销售。就广告重要性和规模数量而言，以上两个原因推动了广告大奖的快速发展。除了本章所展示的国际广告大奖，全世界还有数以百计的小规模国家级广告奖项和地区级别的广告奖项。

　　尽管早期广告大赛都是地区级比赛，但目前历史最悠久的评审制年度大奖是 ADC 年度奖①，ADC 年度奖成立于 1921 年，宗旨是"向艺术家眼中的商业艺术领域授予荣誉"，传达"模范成功广告和具有艺术感的杰出作品"。作为美国广告业的先锋，ADC

---

①　ADC（Art Directors Club，纽约艺术指导协会）年度奖是面向全球设计师征集作品，从全世界数万名优秀设计师参赛作品里评选出最优秀作品的一个权威奖项，是国际上最为久远、最为盛大的设计与广告赛事之一。——译者注

公益让广告收益更大

年度奖重点突出了艺术指导在广告业的作用。《纽约时报》的艺术栏目对1921年的广告展进行过报道，从奖项和展览组织者角度，把当时美国广告业的低迷与法国广告业的辉煌进行比较，在法国，现代艺术和艺术装饰盛行一时，见证了广告业在艺术界的地位。

广告大奖不断强调着广告业与艺术界的联系。20世纪50年代成立了许多广告竞赛，其中就有戛纳狮像奖、克里奥广告奖、纽约国际广告奖[1]，而奖项的美学含义和象征主义远不止如此。"克里奥"源于伟大行动的宣告者——希腊历史女神克里奥。戛纳国际创意节设置的奖项是圣马可狮像奖[2]，戛纳狮像奖中渗透了欧洲成熟稳重的气质。这些广告大奖的设置与ADC年度奖的目的一样，都是把广告的存在合理化，让广告成为一种艺术形式，把广告大奖塑造为对创意的褒奖，同时将颁奖过程包含在广告大奖中，以这样的方式明确表现出广告大奖向高雅艺术看齐。展厅

---

[1] 纽约国际广告奖始于1957年，这个全球竞争性的奖项当时主要是为非广播电视媒介的广告佳作而设。这项大奖在全美的工业界与教育界取得了非凡的声誉。——译者注

[2] 828年，两位威尼斯的富商在当时总督的授意下，成功把圣马可的干尸从亚历山大港偷出来，将他藏在一层一层的肉制品下，运回威尼斯，存放在圣马可大教堂的大祭坛下。从此，圣马可成了威尼斯的保护神。他的标志是一只带翼的狮子。从此，威尼斯到处是狮子。圣马可广场的入口处，有两根高大的圆柱，东侧的圆柱上挺立着一只展翅欲飞的青铜狮，它就是威尼斯的城徽——飞狮。飞狮左前爪扶着一本书，上面用拉丁文写着天主教的圣谕："我的使者马可，你在那里安息吧！"一眼望去，总督宫上也少不了圣马可和他的狮子。——译者注

第四章
心照不宣：广告让你荣誉等身

里布置着各种广告，让参展观众端着酒杯，四处漫步，在一幅幅获奖广告作品面前走过。

与此同时，评审团成员构成反映了广告与艺术之间的关系。大部分广告比赛中的评审并不是艺术家，比如，克里奥广告奖和戛纳国际创意节的评审大部分都是广告界业内人士，他们是来自知名广告公司的资深艺术指导、广告策划人和总裁。大多数广告公司的高级经理人在广告业度过了职业生涯。因此，他们能成为广告领域的"内部人员"是他们创造性努力的结果。这一论断的数据是基于我们收集和分析的戛纳狮像奖和克里奥广告奖评委的简历。正如克里奥广告奖的网站所示，克里奥广告奖的评委为各自领域内创造出最佳广告作品和创意作品的广告人，以此确保每位评委可以对广告业市场变化有着深刻理解。戛纳国际创意节网站声明与此相似，在戛纳狮像奖的评审环节，评审团主席起着关键作用，他们领导团队，他们组织引领各自的品牌，有着各自的创意证书，并以此树立起模范标准。重大艺术奖项的评审员很多是身价不菲的收藏家，而广告大奖通过评审团构成表明广告界的纯粹性。

相比其他领域，在认可创意这方面，广告大奖更为重要。与视觉艺术和文学相对，广告界目前的创意领域（非商业广告）的艺术圣殿数量并不多，可以是画廊或博物馆展。广告大奖与文学奖项不同，广告人无法拒绝广告大奖，并以此换取身份地位。

公益让广告收益更大

让-保罗·萨特[①]拒绝了诺贝尔奖。有的作家拒绝了曼布克奖（英语小说界的重要奖项），并对曼布克奖公开打击和讽刺。但事与愿违，作家们拒不领奖的行为反而让这些奖项成为合理的存在。而在广告界，奖项是创意的唯一官方认证。

尽管广告大奖模仿艺术大奖和艺术展览，但广告业仍然不是纯粹艺术。从奖项结构可以看出，广告是一种集合体。虽然受访的部分广告人对广告大奖不屑一顾，拒绝用广告作品参赛，但他们的想法并不是因为广告大奖是对艺术的玷污，原因与此恰相反：对于蔑视广告大奖的广告人而言，广告从一开始就不是艺术形式。正如那位可口可乐公司的总裁在采访中提到，如果大部分广告大奖的评审员是商业公司经理的话，那广告大奖就会截然不同。

从广告大奖历史中可以看见这种矛盾的存在。尽管戛纳国际创意节褒奖广告的创意，选择广告界内部人员充当评审员，但广告大奖也让广告界离商业客户更远。戛纳国际创意节应该想获得包括潜在消费者在内的公众认可。一个明显的例子是1968年设立的艾菲奖[②]，该奖项对公众认可的广告效果进行褒奖，但并未把

[①] 让-保罗·萨特（Jean-Paul Sartre），法国20世纪最重要的哲学家之一，法国无神论存在主义的主要代表人物，西方社会主义最积极的倡导者之一，一生中拒绝接受任何奖项，包括1964年的诺贝尔文学奖。
[②] 作为非营利性机构，全球艾菲（Effie Worldwide）致力于通过奖项和对实效营销的一流见解，引领、启迪和表彰全球范围内最具实效的营销创意以及实践者。——译者注

第四章
心照不宣：广告让你荣誉等身

广告纳入艺术领域。

大部分想把广告塑造为艺术的人仍持观望态度，广告大奖新的评选制度彰显了广告的市场作用，同时也是对广告业面临持续不断矛盾的回应。20世纪末至21世纪初，卡尔金斯（Calkins）和霍顿（Holden）用引人入胜的语言描绘了广告人这个职业将稳步崛起，直到与三大"黑色优雅"领域并肩，三大领域分别是法律、医药和学术。然而目前来看，广告属于一种艺术，广告还未成为真正的科学。有很多人明白他们如何能巧妙地躲开偏见、品味、好恶和民族习惯，但还尚无人能够确切地辨别公众愿意为广告买单多少。也许，永远也不会有可以辨识出这一点的人。

纵观广告业的历史和现状，广告的矛盾性是一个不断出现的主题。一方面，广告在公众心中塑造出了这个行业傲慢无礼的自信心。20世纪50年代，万斯·帕卡德①（Vance Packard）著了《潜在的劝说者》（*The Hidden Persuaders*）一书，在他笔下，广告世界里满是隐藏身份的说服者，作者认为广告是为第二次世界大战宣传造势的工具，广告中还包含了深度心理学。另一方面，广告是否真的提高了商品销量仍难以证明，充满了不确定性，即使广告拉动了商品销量，也不会令广告人有很大的成就感。自互联网广

---

① 万斯·帕卡德探索了广告商使用消费者动机研究和其他心理技巧（包括深度心理学和潜意识策略）来操纵和诱发消费者对产品的期待和渴望，特别是在美国"二战"后时代。他认为广告商承诺的产品应该满足8个"引人注目的需求"，分别是情感安全、价值保证、自我满足、创意、爱与被爱、权力感、归属感和持久性。——译者注

> 公益让广告收益更大

告时代的到来，广告发生了改变，互联网广告记录了广告目标消费者的轨迹，但这仅仅是广告本身的进步而已。对于那些想证明广告作用的人而言，广告的不确定性仍时时盘绕在他们心头。

因此，广告大奖成为另一种财产。广告大奖是一种获得其他广告人认可的方式，同时也向现有客户和潜在客户发送信号：广告有作用。广告大奖成为"广告公司能力的代言人"。对广告大奖的有限的研究表明，广告公司把广告作品送去比赛有两大原因。其一，20世纪80年代针对广告公司经理人的研究发现，大多数经理人赞同，赢得广告大奖可以让广告公司更容易招聘到创意人才，并以此为公司员工鼓舞士气。其二，即使一些经理人不确定广告大奖是否真的可以帮他们拉来潜在客户，但是广告公司通过比赛可以展示出他们的潜力，而这是广告公司参与广告比赛最普遍的理由之一。

简言之，广告大奖在两方面发挥作用。广告大奖是使自己的广告获得认可的方式，为广告人授予广告界标志性头衔。同时，对于客户而言，他们对优秀广告作品定义各不相同，于是广告大奖成为一种信号：高昂的广告费投资也会带来高回报。

广告大奖和公益工作：公司组织与广告人

在广告界获得广告大奖很重要，而公益工作是赢得广告大奖

第四章
心照不宣：广告让你荣誉等身

的理想方式，还可以放大一些对获奖起重要推动作用的因素。在我们采访的过程中，不论是赞扬公益广告的人，还是不看好公益广告的人，双方都认为公益广告获得大奖的概率很高，并且获得广告大奖也是广告人最初参与公益工作的重要原因之一。一家纽约广告公司给出了清晰的官方理由：普通广告公司雇员在工作表里填的是商业客户的账户号码，而参与公益活动的广告人填写的则是"广告大奖兑换码"，这不断提醒着广告人，公益广告是赢得广告大奖的最佳机会。

为帮助读者理解公益广告如何成为获得广告大奖的促进因素，本书对公益广告进行了进一步划分。广告大奖归谁所有？乍一看，答案清晰明了：重要的广告界大奖肯定属于完成公益活动的广告公司所有。一个明显的例外是"青年才艺"奖，"青年才艺"奖颁发给个人，以明确促进他们的职业发展。广告人与广告公司签订了合同，在公益活动开展过程中，大部分广告人都是广告公司的员工。公益广告最重要的参与者是广告公司，而不是广告人。因此，广告界的主体是广告公司，并非个人。

但是，广告公司通常规模庞大。即使一些广告奖项最终属于广告公司整体。获奖者也会很具体：可能是某个广告策划人。戛纳狮像奖或克里奥广告奖一般只公布获奖广告公司的名字，而《广告周刊》和《广告时代》此类广告行业刊物则会公布负责获奖广告的关键广告人姓名，其中包括获奖广告的主要负责人，如广告创意人、艺术指导、广告策划人和客户经理。此外，颁奖典

公益让广告收益更大

礼的致谢部分会提到关键广告人姓名。为广告公司颁奖时,广告公司会派出获奖广告相关人员去现场领奖。因此,即使广告公司是赢得大奖的代表,获得行业内认可的还是广告公司内负责获奖广告的广告人。

区分获奖主体非常重要。对于单个广告人和对于广告公司而言,广告大奖作用大不相同,在广告公司和广告人的衡量考虑中,公益广告所发挥的作用也略有不同。对于公司而言,广告大奖赋予广告公司两大主要价值。首先,广告大奖与广告研究相呼应,获得广告大奖的公司向潜在客户发出信号:"我们是一个成功的广告公司",对于规模较小的广告公司而言,情况更是如此。一家小型广告公司 Verdi DeVito 的创始人艾利斯(Ellis)解释道:"我认为,获得广告大奖有时就相当于赢得广告生意,不是吗?获得广告奖项数量越多,广告顾客就越多,顾客对你的印象可能是'这是一家获得过广告大奖的公司'。"有趣的是,至少在我们的采访中,那些规模较小的新兴广告公司的经理人对得奖的期望更为突出。正如受访者所指出的,奖项帮助小型广告公司"出名"。其次,规模更大、知名度更高的广告公司的管理者很少谈论奖金,好像他们直接获得了客户。但这些管理者注意到,奖项对广告业务有好处,通过奖项能吸引潜在的员工。正如一位首席执行官所认识到的那样,"(奖项)吸引了更好的人,这带来了更好的工作,带来了更多的业务。我不能准确地描述投资回报率,但我相信这一点。我真的相信。"这种观点也许可以

第四章
心照不宣：广告让你荣誉等身

解释为什么一些关于广告奖项与经济结果的研究是模糊不清的，因为就我们所知，此类研究未能区分老牌广告公司和小型新贵广告公司。

于是，公益广告给了小型广告公司机会，让小型广告公司得以制作出一些与商业客户合作无法完成的广告作品。一位就职于小型广告公司的客户经理在解释为何广告公司（其中包括他当时所在的公司）会接受公益广告时，抓住了这一点：

> 对于小型广告公司而言，最重大的事情就是赢得了不起的广告大奖，而做公益广告赢得广告大奖概率更大。对于一家小型广告公司来说，与你合作的客户各不相同，有些客户死板教条，有些客户广告创意十足。但无论你和什么类型的客户合作，与小型广告公司合作的大部分商业客户的产品都是本土不知名产品。所以，如果广告公司能做出不错的公益广告，他们就可借此获得广告大奖……

在许多受访者看来，小型广告公司与本土品牌合作时，最终通过的广告作品会变得保守，所以小型广告公司会在公益广告上面下注，希望借此在广告界闯出自己的天地。由于公益广告预算有限，广告公司也会借此展示自己在有限的预算下都能做出优秀的广告作品，更不用提在那些大手笔投资下自己能创作出何种一鸣惊人的广告作品了。

公益让广告收益更大

不知名的小型广告公司与知名的大型广告公司的想法也许不同。对于大型广告公司而言，广告大奖如同广告人才聘用机制，下一章会就招揽人才方面进行讨论。而对于小型公司，广告大奖意味着员工在"获奖广告公司"工作可获得名誉，可从事有趣的广告工作。但在知名的大型广告公司，广告大奖不过是锦上添花。

从这些角度思考后，本书视角从珍视广告大奖的广告公司转向珍视广告大奖的单个行为者，单个行为者指的是组织了广告活动的广告人。就名誉而言，在很大程度上，客户是谁并不重要，广告人珍视广告大奖是为了得到广告界和广告公司的认可。广告大奖是获得业内人士广泛认可的方式，是挖来潜在广告人才的一种方式。更为重要的是，广告大奖可以放在广告人作品集内（"作品集"就是广告人的简历）。我们注意到，个人的奉献与组织的奉献之间的关系并不一定很清晰。当经理人谈论奖项如何帮助他们招聘和留住人才时，奖项也经常促使个人离开所工作的广告公司，找更好的工作——在不同的广告公司间跳槽，而不是在最初的广告公司一干到底。在创意人员和策划人员的工作轨迹以及他们的叙述中，广告大奖的地位都很重要。换句话说，奖项可能在招聘人才方面比留住人才方面更有效。奥美广告公司的一位广告创意人在提到公益广告对广告界的重要作用时称：

公益广告的一边是升职加薪的诱惑，一边是创意，是值

第四章
心照不宣：广告让你荣誉等身

得一做的工作，这是让公益广告变得如此重要的部分原因。但我认为，还有一个同样重要的因素让许多广告创意人选择了公益事业：很多媒体会对公益广告进行报道，可以为广告创意人的简历增光添彩，为广告人的作品集锦上添花。如果公益广告获得足够多的认可，那如此一来就成为广告人进入重要广告项目的门票，带来更多财富、更多奖励，还有更重要的，为广告人带来更多声誉。通过刊物报道和广告公司宣传，广告人可以不用出钱，就能出名，让自己名声响亮，并借此机会最终拿到更高薪水。

在升职加薪的诱惑和对创意的热情之间转换是这位广告创意人认为公益广告值得一做的原因。基本上，媒体对公益广告进行报道或公益广告获得广告大奖都会助力广告人的职业生涯的发展。比如，回到"水即生命"公益组织，对于该组织核心成员而言，"水即生命"公益活动是他们职业生涯发展中的重要一步。弗兰克、山姆和门诺作为一个团队在不同广告公司间跳槽，这在很大程度上仰仗于他们在"水即生命"公益活动中所获的广告大奖和声誉。弗兰克等人发现他们总有机会和更有趣的客户合作。弗兰克说自己在BBDO环球网络公司工作的早些年，他的工作总是制作互联网的"横幅广告"，但是他根本不喜欢，也无法因广告的创意创作而获得满足感，自从"水即生命"公益活动大获成功后，弗兰克再也没有做过横幅广告了。弗兰克说："每个广告

> 公益让广告收益更大

人的想法差不多都是这样，也许我们这些广告人并不适合做横幅广告，我们可以做其他类型的广告。"

广告公司常常把公益客户看作允许广告创意人和广告策划人拓展他们的职业视野的培训工具。即使广告创意人在谈论公益广告时，会"夸大事实"，也就是说，他们陈述的工作内容比实际工作更多，广告大奖也肯定了广告人的工作，让广告人得以找到下一个更大的广告客户，从事更为吸引人的广告工作。一位资深广告创意人说："尤其是年轻一点的广告创意人，他们真的会因此得到机会，做大广告项目，让更重要的广告客户注意到他们。这样的机会让广告人得以讲述品牌故事，或讲述别的故事。"

在一些情况下，赢得广告大奖甚至可以带来更广泛意义的报酬。Interbrand 品牌咨询公司[①] 在英国的执行创意总监奥利弗·马尔特比（Oliver Maltby）称，他所斩获的广告大奖（其中包括商业广告和公益广告）让他有机会走向了全球事业：

> 广告大奖让广告界真正的人才熠熠生辉。那些真的有创意思维的广告人，会因为获得广告大奖，让他们有机会去好几个国家，如果你想借此环游世界，那获得广告大奖可以助你一臂之力。比如你想要获得美国 O-1 签证，那广告大奖

---

① Interbrand 品牌咨询公司是全球广告、营销和公司传播领域先驱宏盟集团（Omnicom Group）的成员企业，成立于1974年，是全球最大的综合性品牌咨询公司，致力于为全球大型品牌客户提供全方位一站式的品牌咨询服务。——译者注

第四章
心照不宣：广告让你荣誉等身

就能确保你拿到 O-1 签证，所以在广告界，广告大奖可以发挥实际作用，可以为优秀广告作品搭桥铺路。

广告大奖是能力证明，比如美国 O-1 签证是美国一种工作签证，颁发给"拥有杰出才能或卓越成就的个人"。广告大奖是卓越成就的标志，其通用领域甚至超过了广告界。

公益广告意味着广告人与广告之间有了更加紧密的联系。从事公益工作的团队，人员精简，人数有限，因此，对于广告公司的其他广告人和广告界人士而言，一眼就可辨出哪些工作由该团队哪些成员完成。BBDO 环球网络公司的约翰·奥斯本（John Osborn）认为，广告项目所有权是广告人参与公益工作的重要原因，尤其对于那些处于初入广告界的新人而言更是如此：

> 如果你是广告新人，由于同事工作太忙，或出于其他原因，让你有机会参与公益广告的话，一定要抓住这个机会！这是一个绝佳的机会，从事公益广告，不会有人管来监督你的工作，你可以自己发挥创意，让广告创意想生根发芽，最终成为属于你的绝佳作品，技惊四座。

简言之，公益广告充满吸引力并成为获得广告大奖的第一候选人。广告人喜欢做有创意，有趣味的广告，制作公益广告的过程可以让他们的道德感得到满足。公益广告让广告人有机会创作出扣人心弦，充满情感的广告作品。随后，这种类型的作品接受广告业内人士评审，因其突破、创新和有趣而得到评审褒奖。此外，由于公益组织的组织结构简单，获奖人可以借此更加出名，获得更多职业发展的机会。小型广告公司可以借广告大奖的光让公司内的广告人才发光发亮，而在规模更大的知名广告公司工作的小型团队则无法与广告公司分享荣光与业界认可。

不战而胜：广告大奖与广告工作

本书目前为止描述了广告大奖和公益广告之间的关系，其中，广告行业的商业性质和特殊形式的企业社会责任和谐共存。然而，受访者在谈到广告大奖、职业生涯和行业认可时的话语，与谈到道德话语和广告人与广告之间的存在主义关系的话语时，这两者间的契合并不明显。戛纳国际创意节由于倾向于把广告大奖授予公益广告而使其备受争议，其中抗议声最强烈的并非商业公司，而是广告界。

由此可见，广告人并没把这些话语混为一谈，至少在有些时候，他们的谈论中并没有把这些话题混在一起。举个例子，对于广告界认可的谈论和对于广告人与广告工作之间的关系的谈论各自是分开的。广告大奖毕竟要颁给有趣，有创意的广告工作。正如一位广告创意人所言，他常"提高广告的创意标准，为了能让

第四章
心照不宣：广告让你荣誉等身

广告匹配得上获奖标准"，而广告大奖就是为了对"优秀广告作品"给予褒奖认可。这位广告创意人进一步解释：

> 在广告界，广告大奖可以推动广告人的职业发展，这一点对于广告人的职业发展而言非常重要，获得广告大奖是优秀广告作品的标志之一。所以广告人在考虑是做公益广告，还是选择其他广告项目时，要仔细琢磨，要思考职业生涯，还要认真考虑"哪一个广告的创意最好？我能想出最好的广告创意是什么？"然后，广告人希望在公益工作结束后一年内，某个地方的评审能觉得这个广告太棒了。所以，我在构思广告创意时，并没有一直想着获奖的事情，我只是在构思最佳广告创意。

在受访者所描述的理想世界里，广告大奖自然属于最佳广告，而一个领域内的最佳作品正是该领域内的道德模范。乔治·坦南鲍姆（George Tannenbaum）是奥美广告公司负责IBM公司客户的创意总监，他曾参加过几个公益项目，他认为：

> 最佳广告作品就应该是R/GA广告公司的"爱不带任何标签"那样的广告作品，广告很不错，恰好也是公益作品，相比其他广告公司，R/GA广告公司深谙如何从自己的立场出发，找到符合广告大奖体系的作品。

公益让广告收益更大

受美国广告委员会资助的 R/GA 广告公司制作了"爱不带任何标签"这个公益广告,鼓励公众对暗含偏见的话语提出质疑,并鼓励公众把包容精神进一步发扬光大。该公益广告被视为打动客户的完美案例:这既是公益广告,又创意十足,令人印象深刻,而且还获得了广告大奖。

尽管广告大奖可以颁给公益广告,但对于大部分广告作品而言,优秀的广告作品并不总是可以获得广告大奖。正如坦南鲍姆所说:

> 我认为,一些广告作品受众不广,这样的广告就不实用,换句话说就是广告的"规模不够",你要明白,在获得广告大奖之前,一些公益事业可能都并不存在,这样的广告就像是先有了广告作品,再有了客户。在优秀的公益广告中,广告人可以分配到合适的任务,恰如其分的广告简报,恰到好处的工作回顾,傻瓜式的广告制作过程就像写一首十四行诗,有现成规定要遵守。因此广告人得遵守规定,我的意思是,这些规定也不是死规定,但如果真要制作广告,我们就需要关注量化的问题,要有人出力,要有人出钱。我不会向广告人宣扬这样的话,因为广告大奖是"通用货币",不论是实至名归还是弄虚作假,都会出现"没有硝烟的战争"中的英雄。

第四章
心照不宣：广告让你荣誉等身

坦南鲍姆的意思是，广告人先有公益广告创意，再去找公益组织客户，正如本书简要介绍的大部分公益广告拍摄流程一样，而先有广告创意再找客户的行为破坏了行规。在时装设计领域，阿什利·米尔斯（Ashley Mears）发现，设计师和商业模特有着截然不同的工作状态。这两种状态之间的关系很复杂：设计师工作收入较低，但具有创造性和高地位，日后可能会转化为工资，而商业模特收入较高，但不具备自由选择的权力。如果广告始于引人注目的广告创意点，而不遵循其他广告作品必须遵循的广告界行规，反而更易获得广告大奖。坦南鲍姆认为，公益广告完美地抓住了广告界作品并未把善良品质奉若神明这一矛盾性质，他把这样的广告人称作"未参与战争的战争英雄"，虽然没有参与战争，但是要为英雄的果敢和勇气颁发奖章。

获得广告大奖和"不守行规"的公益广告之间关系复杂，主要矛盾在于广告公司其他广告作品还是得依靠广告公司在广告界所处的地位来获得知名度。小规模广告公司显然渴望获得广告大奖，尽管一些小规模广告公司声称他们不需要任何广告大奖，那只是因为他们的作品根本不属于能获奖的作品。但对于处于广告界中心的广告公司而言，他们与广告大奖之间关系复杂。一位曾在 W+K 工作室[①] 工作的经理人称，他并不痴迷于获得广告大奖：

---

① W+K 工作室目前是世界上最大的独立广告公司之一，以为耐克（Nike）所做的广告而闻名。其大胆创新的 Nike 广告"Just Do It"直入人心，成为经典。
——译者注

公益让广告收益更大

我觉得广告界设立这么多的奖项太愚蠢了,广告那么多,创作广告又不是为了拿奖,创作广告是广告人职责范围内的事。我在W+K工作室时,虽然我们已经获得了成百上千的广告大奖,但是获奖始终不是我们制作广告的目的,只是我们制作的广告恰好获奖。所以我对广告大奖持保留态度。尽管广告界还是充斥着各种奖项,但我觉得设立这些奖项其实挺愚蠢的。

当然,广告大奖并不是偶然得之。广告公司需积极申请参加广告大奖比赛,申请过程费用高昂,要准备提交作品,要投入大笔资金,还要投入很多时间精力。W+K工作室的经理人不是在陈述事实,而是描述了为获奖而制作的广告作品和富有创意的广告作品恰好得奖之间的关系。同时,尽管这位经理人对广告大奖的批评是出于好意,但我们还是要尊重广告的商品属性。W+K工作室在广告界的中心地位显而易见(无论从广告大奖看,还是从主要客户看,都可证明其中心地位)。W+K工作室的商业客户有耐克公司,负责了耐克标志性的Just Do It的广告。W+K工作室有着琳琅满目的奖杯,于是,对于W+K工作室而言,广告大奖自然显得"可笑"和"多余"。

第四章
心照不宣：广告让你荣誉等身

广告大奖和道德感

受访者对广告大奖和行业认可的谈论与对公益工作的谈论之间的冲突并不强烈，而他们对广告大奖作为事业发展和名声的工具和公益广告作为道德工作之间冲突更为强烈。尽管受访者在谈论不同话题时，谈话内容和不同背景、不同假设相混合，让谈话变得有点杂乱，让话语变得曲折，有时甚至前言不搭后语。一方面，鉴于广告大奖确实可推动事业发展，提高薪酬，受访者几乎都是以广告人自私自利的角度看待和谈论广告大奖。而另一方面，受访者在谈论道德时假设，人们做公益工作的部分原因是成就自己。一位广告创意人抓住了这一矛盾关系，说："从个人角度，我们广告人尝试让作品更有创意以增加获奖概率，但同时我们又对此无私无偿地做出贡献。"

充满道德感的工作与广告大奖之间出现的冲突有迹可循。首先，受访者会表达其追名逐利的态度，至少在受访的某一时刻，受访者会觉得公益广告很虚伪，否认存在真正"纯粹"的道德感。用某位不愿透露姓名的广告创意人的话来说：

> 如果我必须实话实说我对大部分广告作品的想法，那就是，广告人对广告界那些大概率可获奖广告的态度很明显。大部分广告创意新人非常渴望获得戛纳国际创意节广告大奖或者其他类型的广告比赛奖项。我认为，在大多数情况下，

公益让广告收益更大

公益广告工作简报就是冲着大奖去的，广告公司如此重视公益广告，有这么多广告人对公益广告趋之若鹜，也许就是为了……我没法这样说，我也没有证据证明，但从我个人来看，广告公司接受公益广告就是为了有机会制作可获奖的公益广告。获奖广告好比"通用货币"，是社会焦点，是热点问题，是广告人觉得至关重要的议题，是可以获得大众关注的议题。

这位广告创意人认为公益广告是缺乏道德的行为。公益广告成为广告公司"博取关注"和蹭"热点话题"的方式，而广告人制作公益广告就是为了获奖，为了获得认可。公益工作仅仅是达成目的的一种方式而已，而目的尽头与公益事业毫不相干。这个观点潜藏着一种康德(Kant)的义务论对道德的理解，他认为道德与行为的效果是分离的。如果行为仅仅是达到目的的一种手段，那么行为就被认为是不道德的；如果行为本身就是作为目的而进行的，那么行为就被认为是道德的。正如一位创意总监简明扼要地说："我们参与公益广告就是为了'变富'，为了'出名'，这是公益广告的宗旨。"道德层面和广告界结构之间似乎存在不可逾越的鸿沟。

然而，道德感和广告界之间的强烈冲突并非不可避免。首先，受访者（尽管只有少数受访者）表示，除了广告作品的质量，公益作品获奖是因为公益事业首先是道德的，并可因此带动

第四章
心照不宣：广告让你荣誉等身

情感。一位广告创意人解释道："尽管广告人是评审，可评审也是人呀，如果你是一位大赛评审，看着这些参赛作品，有的广告是卖豆腐汉堡的，有的广告是拯救孩子的，你肯定会为拯救孩子的广告投出一票。"其他受访者提到获奖的公益广告时称，媒体会对公益广告追踪报道，增加公益事业曝光度。因此，广告大奖延长了公益广告的寿命，让广告发挥更大作用。于是，广告大奖颁给了有道德意义的广告，也就是"广告作品获得的认可度越高，公益组织获得的经济效益就越高"。

少部分受访者声称广告大奖和道德感是相互联系的，以此尝试模糊谈论奖项时和谈论道德时可能出现的矛盾，不论是对公益事业的直接褒奖，还是对道德的奖励，都是出于道德的原因。而大部分受访者说，在期刊和博客中讲述公益组织故事并没有为他们带来经济好处。少部分受访者认为评审员评选广告时主要取决于道德层面，尽管这一点在理论方面站得住脚，但大部分受访者却不这样认为。在广告界，把道德感和行业认可混在一起的行为令人生疑。

同时，大多数受访者也没有表现出追名逐利的态度，而是努力把广告大奖和道德感联系在一起。大多数受访者说到广告大奖和道德感的关系时，并不认为广告大奖的地位次于道德感。本书把广告大奖和道德感匹配在了一起，并访谈了广告策划人杜米尼克·普林茨（Dominik Prinz），他与小型精品广告公司CG34有过公益广告的合作，在欧洲广告界和美国广告界都出现过他的身

公益让广告收益更大

影。普林茨在回顾广告大奖在广告界的地位时说道：

> 关于广告大奖我已经说了很多，我发自内心觉得，在广告界，无论你做什么类型的广告，都需要发自真心地对这项事业做出贡献。所以，公益事业从道德角度而言真的很重要。有时，我对广告界毫无兴趣，是因为从事公益广告的广告人实在是太多了，尤其是他们做公益的出发角度不一定是道德原因。我认为激励广告人从事公益广告的原因差不多是"公益广告真不错，有了公益广告这样的客户，我们可以发挥创意，可以赢得广告大奖。"我也完全理解这样的想法，对于我而言，这种想法并没有强烈的道德冲突，公益广告中的道德伦理因素可以辩证看待。
>
> 大多数公益广告对公益组织产生的影响力是很大的，我对广告人所做的工作非常认可。所以，创意十足的优秀广告作品对公益组织的意义非凡，尤其对于媒体宣传预算有限，或者根本没有宣传预算的公益组织而言，创意广告更是意义非凡。因此，如果广告成效不错，那么广告可以提高大众意识，带来数目庞大的集资，能有这样的广告简直棒呆了。对于这样的公益广告，唯一可能会出现的评判标准是，要确保广告公司不仅派出了优秀的广告创意人参与其中，还要保证广告公司是出于自己的道德立场参与其中。

第四章
心照不宣：广告让你荣誉等身

当普林茨谈起公益工作时，和当他谈到道德感和广告大奖时，他的话语中不仅出现了由于逻辑矛盾而造成的复杂性，他还抓住了另一种更直接更深层的矛盾关系：广告人最初对道德感的思考和实际工作中存在不一致。在两段访谈中，普林茨在两种思维模式间转换。

起初，在普林茨的谈话中，他把道德纯粹性置于谈论的中心地位：公益工作必须出于道德考虑。由于广告大奖会玷污公益广告的道德纯粹性，大多数公益广告制作者会出现无法减少的焦虑感，甚至虚伪感。谈到这里为止，访谈中还有着追名逐利的话语，公益广告本身不是广告目的，公益广告是以得奖为目的的广告项目。

然而，普林茨话锋一转，转向另一种谈话模式，在这种谈话模式中，道德感和自私自利这两者的背景假设完全不同。他既发自内心地谈论了关于公益广告的纯粹性，又谈论了公益广告的结果主义的导向，如果公益广告起作用，就能创造出"提高大众意识，获得资金捐赠"的效果，这才是优秀的公益广告。在他看来，公益广告不论是达到目的的手段还是最终呈现的效果都变成了辩证问题。如果以公益广告获得的效果来衡量公益项目，那公益广告的目的也不再重要。但如果公益广告获奖，却没有达到承诺的效果的话，那么公益广告的目的会变得极为重要。

在普林茨的陈述中，同样出现了广告大奖和劳动之间的矛盾关系，也就是为广告付出的劳动是为了取悦大赛评审，还是为了

> 公益让广告收益更大

遵守广告的一般准则。更为重要的问题是，公益广告是否只是为了获得褒奖而创造独具匠心的作品，并未推动公益组织的使命，或者，公益广告是不是为了帮助公益客户达成目标。公益客户的目标、广告的目的和达成目的手段之间的关系就成了由广告效果决定的问题。

本书许多受访者谈到关于广告大奖和道德感是结果主义的结合，尽管受访者仍会时不时地提到从事公益广告出于何种目的这样的问题。即使对普林茨进行采访时，当他把话题从公益广告内在动力的强调转到广告劳动成果时，他也恳请广告人一定确保是出于"善意"而从事公益广告，借此回顾做公益广告的目的。换句话说，普林茨并未完全转向结果主义。即使广告人专注广告效果，他们仍需以不同方式巧妙结合公益广告劳动和道德感，而不是凸显出两者间矛盾的关系。精信广告公司（Grey Global Group）的广告人认为，公益广告应该是一种"自私与无私的精彩结合。"

本章小结

本书认为不同领域大奖的精神内核各不相同，但都有迹可循。有时，获奖标准显而易见，比如百米跑谁跑得最快，那大奖结果一目了然。而对于奥运会项目花样滑冰，则需要建立一整套复杂的规则，比如一个阿克塞尔跳到底算多少分？而在高度不确

第四章
心照不宣：广告让你荣誉等身

定性的行业，比如广告界，就"广告怎么样才算起作用"这一问题人们并没有达成一致意见，所以广告大奖在广告界就变得格外重要：广告大奖建立了优秀作品的标准。从理论层面上讲，本书期望在广告界，广告奖项应授予一种共享的和商定的对善的定义的形象。这与市场的不确定性导致组织之间相互模仿类似，不同的组织相互复制，因为他们不知道什么是有效的。

广告大奖位于广告界中心地位，公益广告可以提高获奖概率，于是公益广告成为广告界获奖的标志，获得广告大奖还能让广告人升职加薪，好处美不胜举。公益广告客户要求少，所以广告可以更富创意，作品更加出色。由于公益广告聚焦于更广泛的人类问题，所以有机会成为"带动感情"的广告作品。此外，公益广告通常由小型广告制作团队完成，所以，公益广告获得褒奖更为集中化，至少集中在精心制作公益广告的那些广告人身上。

广告大奖、劳动和道德感的话题之间还是存在着冲突关系。首先，由于公益广告不受客户监督，一些受访者把广告大奖看作"空虚无意义的东西"。如果公益广告始于广告创意，然后再寻找客户，那这样的广告符合业界规则吗？这些不遵守业界规则的公益广告可以被行业视为封神之作吗？其次，许多受访者有一种矛盾思想：一方面，广告大奖是获得名声，推动事业发展的媒介，另一方面，为公益组织所做的公益广告属于无私奉献。摆脱这样的矛盾思想最常见的做法就是摆脱内心"善就是纯粹"的行为者中心观念，转向"善就是最终结果"的结果主义观念。本书受访

公益让广告收益更大

者的谈话中并非完全是结果主义的导向,而行为者中心观念也会不断在他们的谈话中出现。

这些观念和矛盾关系引起两个更为广泛的问题,本书接下来会对这些问题进行进一步的探讨。其一,广告经理人如何应对矛盾问题,广告创意人和广告策划人的应对方式又是什么?由于广告人在访谈中并未直接选择善的结果主义标准,那他们又如何在访谈中为自己圆场呢?广告人处于困境时,对自己的看法是什么?其二,广告人的叙述中隐藏着一个更为基本的问题:结果主义假设,行为者了解其行为的结果,那么,广告人如何确定公益广告效果呢?因此,本书必须探讨广告项目的评估方式,以及该评估与广告效果相匹配的方式。

第五章

谋篇布局:压力山大的广告经理人和广告公司

公益让广告收益更大

本书采访了中等规模广告公司的资深创意人格雷琴（Gretchen），她的个人创意对于名为罗切斯特时装周（Rochester Fashion Week）的公益项目至关重要，该项目旨在为贫穷、流离失所的青年集资。用格雷琴同事的话说，格雷琴"全心全意投入其中"。格雷琴受街头潮流启发，满怀热情地把时装展和公益募捐相结合，格雷琴说：

> 我们邀请的嘉宾大部分是街头的模特和成年人，我们把他们混在一起，让他们穿着天价大衣和普通牛仔裤，里面再配上时尚T恤，以此模糊时尚边界。那到底什么是潮流时尚呢？我们把不同模特混杂在一起，有黑暗元素，有情绪有态度，有精妙绝伦的设计，也有混杂的颜色，就这样，我们拍了照片。时尚元素混杂在一起，彼此混合，彼此交融，就是这样的过程。时装秀的台词是，"同情心是最潮装扮"或者"同理心是当下潮流"，还有"慈善是你的小黑裙"这样的台词。这是我们的T台台词。时装展所有衣服的品牌标语都是"行动起来"。因为这个公益活动的意图就是想为了让大家动起来，可以走路去地铁，在生活中也付诸行动，最终是想让大家出钱助力支持这项公益事业。因此，我们所有的作品中都存在着矛盾，我们还为衣服创作出全新商标。为活动制作巨幅海报，制作广告牌，买下十秒的电视广告档期，制作了GIF动图，还有这套订婚服。

第五章
谋篇布局：压力山大的广告经理人和广告公司

可以明显感知到格雷琴对这项公益事业的热情，不论是道德感还是事业本身，都使她充满热情。我问她是否拒绝过公益项目，当时，她犹豫片刻后说：

> 我不知道，在我看来，参与公益广告是广告人分内的事，如果这部分工作属于广告公司业务范围内，我们就不会拒绝任何公益项目。如果公益广告可以服务我们所在的社区，那我觉得我们不会拒绝任何公益广告。而从个人角度而言，我无法想象怎么能拒绝公益广告，我也没听到过哪一家广告公司拒绝过公益广告。

格雷琴在访谈过程中表达流畅，但回答这个问题时，她似乎犹豫了一番。据格雷琴称，广告公司从未拒绝过公益广告。但是格雷琴所在公司实际接受了多少个公益广告呢？

我们发现，没有广告公司会推掉所有的公益广告，但必须拒绝公益广告所提出的一些要求。在采访格雷琴之前，我们采访了格雷琴所在公司的客户经理，据这位客户经理称，由于广告公司的工作压力，广告公司最多接受为期一两年的公益项目。格雷琴也许从未推掉过任何公益组织客户，但她所在公司客户经理肯定推掉过公益广告。

普通广告人会尝试将善匹配到公益工作中，但他们的尝试并非从零开始。受访者谈到公益广告的接受流程时，即使最初是

公益让广告收益更大

广告人想出广告创意,是广告人把公益客户带到广告公司,公益广告也不能因此说开始就开始。任何广告项目都需接受管理层审批,其中包括了广告公司CEO。

因此,两个相互关联的问题出现了。首先,广告公司经理人眼中的公益广告项目和员工眼中的公益广告项目之间有什么区别?当公司CEO和经理人(虽然经理人也是CEO的员工)谈论公益项目时,他们提到了多种善。虽然公司CEO和中层领导通常并不会亲力亲为参与广告,在大型广告公司更是如此,但是他们谈论道德时,话语通常更为清晰,更加纯粹。就公司CEO和经理人招聘广告人之间的相似性而言,管理层还有其他考虑。广告公司把公益广告看作广告公司整个作品集的一部分,公司形象和工作流程的一部分。换句话说,管理层需要从公司整体出发。经理人如何在众多公益项目中做出选择?经理人又会出于何种理由推掉公益项目?从实操角度而言,经理人成为善的守门人,经理人选中的公益项目与他们对善的考量之间如何相互作用?

鉴于广告人对公益客户所付出的精力和所需资源,经理人需要选择成功概率大的公益项目,并充分筹划。经理人需要考虑的问题更偏向理论层面,经理人的筹划如何帮助广告人应对工作中彼此关联的善?模糊了边界的善?如何应对存在矛盾的工作?由于善的纠缠,将善分解出来属于实操工作,这样的工作如何可以变得轻松一点?本书接下来将探究,为何经理人的参与让本来相互矛盾的善之间可以无缝衔接,让广告项目如此不同。

第五章
谋篇布局：压力山大的广告经理人和广告公司

公益广告：挑战与资源并肩

经理人需要评估公益广告的道德层面，还需站在广告公司更广泛作品集的角度进行考量。公益广告对于广告公司的客户和其他广告作品而言的意义是什么？由此出现了一系列挑战，公益广告与广告公司的客户的利益冲突是最为显著的挑战，或者一些公益广告带有"政治"色彩。那广告公司对公益广告的选择取决于广告公司的客户吗？经理人会考虑，公益客户的使命与商业客户之间有联系吗？一些经理人当然认为两者之间存在联系。受访人要求在这部分访谈中匿名，某家大型广告公司的经理人解释：

> 许多非常有价值的公益广告实际上与广告公司某些客户的局部利益相冲突，因此客户利益是广告公司需要考虑的一方面。比如，如果本公司与大型石油公司合作，大型石油公司是本公司的大客户，他们在商业方面取得了巨大成就。但假设本公司决定现在和绿色和平组织这样的公益组织合作。你要明白，绿色和平组织和大型石油公司之间是对抗关系。广告公司不能制作抨击石油的广告。这样的行为太疯狂，不能这样做。大型石油公司客户让广告公司有钱聘用员工，让公司正常运转。一些情况下，广告公司需要做出明智抉择，确保客户利益优先，这也就解释了为何对一些有政治色彩的公益事业，广告公司都得避而远之。

公益让广告收益更大

某位广告制作公司的主席在访谈中提到了这一点：

> 我可以说，只要公益事业没有过于"政治化"，大部分公益事业都非常吸引我们。当有人告诉你，他们想做反堕胎广告时，这恰好也是我们广告公司真心感兴趣的。反毒品、癌症防治……这些都是大家感兴趣的、不带有政治偏向的话题。如果你想让特朗普的支持者买你的东西，同时还想让希拉里的支持者也买你的产品，那就不能在政治这方面划清界限。你还会注意到，当人们划清界限时，就会产生分裂，其中有些人是大公司的老板，他们有决定权决定是否捐出大笔资金用于支持反堕胎，他们的行为会影响到公司的顾客。

广告公司的客户和广告公司 CEO 只会选择表面与政治无关的公益广告。"热点话题、政策或政治"都是非常危险的领域，最好避开。于是，广告公司会明显偏向"人类"事业，比如，发展中国家的贫穷问题、健康问题、饥饿问题（尽管广告对系统性原因避而不谈）、学校霸凌问题，诸如此类话题。广告公司选择做出尝试，以缓解这些问题对人类产生的困扰，大家在这些问题上达成共识，谈论这些问题也不会得罪其他人。

在我们采访的 108 个公益项目中，只有几个公益项目带有"政治色彩"。环境、全球变暖、枪支管控和女性生育权都属于公益作品的常见主题。一家大型广告公司为"黑人的命也是命"公

第五章
谋篇布局：压力山大的广告经理人和广告公司

益活动策划公益广告。当利益发生冲突时，广告公司的 CEO 大概率会对这些话题闭口不提，就算 CEO 谈论了这些话题，他们也都要求匿名。一些广告公司的 CEO 明确表示公益广告让他们可以做出政治承诺，并基于此做善事。对于大多数广告公司和客户而言，公益广告与客户利益发生冲突的概率很小，不会出现政治风险。并不是所有广告公司接受的公益广告都与石油燃料公司、武器制造商或者制药行业相冲突。

如果大部分经理人没有首先考虑到参与公益广告带来的政治后果，一些经理人甚至是为参与政治而选择了这样的公益广告，那么经理人的考虑是什么，他们的回答很接地气，至少从社会学角度而言，他们的回答很有趣。

时间、经验和职业生涯管理

在本书追踪的所有公益项目中，公益工作都由广告公司承担。广告公司经理人和员工通常会说，只有员工自愿付出"自己的时间"，而且无偿付出这些时间时，广告公司才会接手公益广告。比如，深夜广告公司（Night Agency）创始人之一埃文·沃格尔（Evan Vogel）讲到他如何接受"让孩子活下去"公益组织（这是一个帮助撒哈拉以南非洲和印度患有艾滋病孩童的公益组织）的公益广告制作时说，这是他自己特别想参与的公益活动，

公益让广告收益更大

但不是一次性就可完成的公益活动,需要与公益组织建立长期关系。并且自该公益组织成立以来,沃格尔就是其董事会成员之一。虽然与"让孩子活下去"公益组织的合作为深夜广告公司带来了公众关注,甚至还引起了公司客户的注意,这些客户对这次公益活动有所耳闻,或对公益组织的明星创始人有所了解,但从事公益活动同时会严重消耗广告公司的大部分资源,只有广告公司员工自愿参与,他们才能继续从事该公益活动。沃格尔说:

> 你要明白,在某些时候,广告公司要求员工们付出更多的时间,因为我们还要服务商业客户,我们还得继续完成那些付费广告项目。广告公司不能再为公益项目投入更多的人力资源了。因此,广告公司需要要求已经参与公益项目的员工做更多工作,担负更多责任。由于广告公司会要求参与公益项目的广告人做更多工作,所以在一开始,广告公司会让员工举手表示参与意愿,并且问他们:"你想成为'让孩子活下去'公益组织的一分子吗?"我们当时会说:"这项工作特别有趣,但是工作量可能会很大,有人要加入吗?而且,这样的公益广告属于无偿工作,完成之后也没有任何奖励。"所以,广告公司其实是在请求广告人贡献出休息日,贡献出时间。广告人在纽约的工作不止制作广告,他们还有其他事情要做。广告公司同时也在请求员工贡献出自己的时间。

第五章
谋篇布局：压力山大的广告经理人和广告公司

因此，让公益工作继续做下去靠的不只是广告公司，还有员工在夜晚和周末的空闲时间加的班。在大型广告公司的一位资深广告策划人解释：

> 我不确定我能在公益广告方面花多长时间，官方统计数据是5%，非官方数据可能会更多。因为公益工作是人们想做的事，因此大家不会在意为此贡献出自己的周末时间和下班时间，而这部分时间是没有记录下来的。

即使广告人愿意为公益广告无偿工作并且贡献自己的自由时间，广告公司也会占用他们一部分时间为商业客户服务。广告公司CEO和经理人反复说，当他们都参与公益广告时，需要注意到以上全部成本。一些经理人还会抱怨他们没有把为公益广告投入的资源记录下来。然而，广告公司CEO在大部分情况下，似乎掌握了他们可以负担的公益广告的数量。我们问广告公司CEO，什么情况下他们会推掉公益客户，其中一位CEO回答："如果我一眼就能看清楚这个公益组织的情况，我就会想，'天啊，我不可能推掉他们，我们决不会拒绝他们。'"由于公益工作无法支付员工报酬，广告经理人需衡量公司是否有余力从事公益工作。这是一个二元对立的问题：有时间还是没时间，需考虑公益客户会占用多少广告公司为商业客户服务的时间。公益客户有时候要求很少，但是工作范围会随着工作展开而迅速扩大。弗

公益让广告收益更大

兰克·奥布莱恩（Frank O'Brien）是一家小型的名为对话广告公司（Conversation Agency）的 CEO，他称：

> 我原以为公益项目不需花太多功夫就可完成，我们接受了公益客户的这个项目，公益客户只需稍微提供帮助即可。所以我们当时的态度是，"太好了，没问题。"而接下来发生的事情是，六周之后，整个团队情绪变得紧张，因为公益项目才完成了一半。刚开始是一些小事情（比如公益客户请求广告公司完成一个有趣的小任务），但后来公益客户的要求变得越来越具体。很久之后广告公司才明白，他们需要规定界限，然后告诉公益客户，"对不起，到此为止，我们没法继续做了。"

核心问题是公益工作成了任务逐渐增加，项目逐渐扩展的一种工作。对于广告公司负责的商业客户而言，任务增加和项目扩展正是广告公司所期望的部分。广告公司的大客户通常不多，广告公司希望通过一次小型广告活动就可以走进客户公司，然后负责客户公司更多品牌。而广告公司在接近公益客户时需要特别小心，不论是提前说好工作界限，还是公益广告任务逐渐增加的本质，广告公司需要提前确定自己是否真心实意想为公益组织做出贡献。随着访谈继续下去，弗兰克提到"有趣的小任务"可能会变成"巨大的困境"。弗兰克笑着，用质疑的口吻说："这真的是

第五章
谋篇布局：压力山大的广告经理人和广告公司

有趣的小任务吗？"在对中等规模广告公司 Mother 广告公司的广告执行人的采访中，我们了解到，Mother 广告公司与全美阅读公益组织"阅读为本"（RIF）合作时，努力建立并维持工作界限。该案例展示了广告公司未能控制公益广告的界限后任务不可控的增加。2011 年，美国国会取消对"阅读为本"公益组织的资助后，该公益组织联系了在 Mother 广告公司工作的一位年轻的广告创意人，请求其帮助该公益组织通过其他途径获得资助。这位年轻的广告创意人直接找到 Mother 广告公司管理层保罗·马姆斯特罗姆（Paul Malmstrom），询问公司是否可以向他们施以援手。保罗决定要接受该公益项目时认为，"因为大家都想参与其中，所以这些事情就自然而然地发生了。"公益项目因为公司中某个人的联系，就这样出现了，随后我们接受了该公益广告。在"阅读为本"公益组织的例子中，广告的流程就是如此。没有特别的联系渠道，没有很特别的地方。公益广告并不是经过一番组织才开展的。我们问保罗，一开始的时候，他知道广告公司对"阅读为本"公益组织的帮助程度有多大吗，保罗回答道：

> 我不知道后续我们公司可以帮助"阅读为本"公益组织到什么程度，整个公司的人都不清楚。但是，我们公司接受了这个公益项目，因为我记得，我们想尽可能与"阅读为本"公益组织拉近关系，因为他们出现的问题很像我们解决过的案例。公司认为"阅读为本"公益组织应该重塑品牌，

公益让广告收益更大

变得面目一新。这是我们的想法。公益组织接受建议后,重塑品牌成为广告公司需要解决的问题。在此过程中,我们认为,距离正确解决方法越来越近了,但是事情也堆得越来越多。参与的广告人也越来越多,广告人变得兴奋起来,"这个品牌重塑之后,世界会更加美好"。他们要为"阅读为本"公益组织创造出独一无二的价值,然后广告人夜以继日的工作。但是这样的行为是出于广告人的热情,出于他们即将完成一件大事的感觉。如果我可以换句话说的话,该工作进程简直龟速,创造价值的任务逐渐扩大,变成了一项项任务,拖的时间越来越长,所用时间远超我们的预期。

与"阅读为本"公益组织的合作占用了广告人许多时间,随后,保罗称,在该项目进行到某一阶段,负责该项目的首席广告创意人要专门腾出时间,专注于此次公益广告。我们询问保罗,他认为对广告公司来说,完成公益项目的时间充裕吗?员工是否自愿为"阅读为本"公益组织付出如此之多的工作时间?保罗解释道,其实这并非广告公司原本的打算:

> 首先我想说,我们是糟糕的商人;其次,我们与公益组织没有提前说好,我们应事先约定好。连续数个小时,数天,数个月,我们都在为该公益项目工作。当时的感觉是,"好吧,听起来棒极了。"随后的感受就是,"天啊,现在又

第五章
谋篇布局：压力山大的广告经理人和广告公司

得做这件事情了，我们应该做吗？好吧，继续做吧。"于是，广告人与公益客户之间构成了一种义务关系，我们无法准确预测，还有多少工作，但是我们每次都会说"好吧"。然后工作就变得越来越多。

然而，在大多数情况下，当任务逐渐增加，公益项目范围不断扩大时，经理人并不会简单袖手旁观。相反，他们会积极选择他们认为任务内容有限且简单的公益项目，以此最大程度减少广告公司的公益工作时间。为判断项目是否属于这类公益工作，经理人会考虑潜在客户的公司组织结构。正如 BBDO 环球网络公司美国部 CEO 约翰·奥斯本说：

> 拒绝是一件困难的事，当我们想拒绝时，我们会在不同层面考虑公益广告合作机会。这个公益组织是很棒的合作伙伴吗？他们好相处吗？我的意思是，我们有时会对公益组织进行评估，有时我们评估内容会是一些很随意的事情，公益组织有时规模庞大，使命宏大。因为公益组织靠的是组织负责人的自愿付出和慈善行为，才得以存在，所以有时候，公益组织内的每个人都要求有平等发言权。广告人在这样的处境下很艰难，因为让公益组织内每个人的想法一致真的是一件很困难的事情，这一点对于无偿工作，更是困难。我们要考虑到，和公益组织搭档的过程是会非常令人抓狂，还是会

公益让广告收益更大

成为有趣、有效率、有成果的合作。这些都是我们应该考虑到的因素。

对奥斯本而言，考量公益广告最为重要的因素之一并非公益广告的内容，而是广告公司与公益组织的预期互动。奥斯本解释道，公益组织结构越集中，合作就越轻松。由于担心与公益组织间出现冗长啰唆的对话和讨论，担心公益组织改变主意，奥斯本更倾向于结构简单的公益组织。

这样的想法在我的意料之中——它能避免费尽心机的算计。广告人确实会常常抱怨举棋不定的客户，不论是商业客户还是公益客户。客户有时会受到其组织内部力量斗争的困扰，而且有时还会因为出席会议人员变动导致组织愿景变化，抉择标准变化。广告公司客户经理常常做出规划，要联络哪个客户公司经理，何时接洽等，并预测客户公司的动态变化。正如广告人常抱怨道，当有其他力量介入广告工作时，客户经常变更要求和选择。结果就是，这些"难搞定"的客户常要求广告人在广告创意方向和广告执行方面进行多次修改。对于广告公司的商业客户而言，这是广告工作中所包含的工作内容，但广告人希望客户要求可以简单明了，前后保持一致，因为并不是所有广告客户都是模范客户。在广告人接手的商业广告中，广告人很少驳回商业客户的要求，因为驳回要求很困难，而且还需承担风险。忍受难搞定的客户是广告工作的一部分。

第五章
谋篇布局：压力山大的广告经理人和广告公司

公益客户则截然不同。受访的一些经理人认为，他们决定是否接受该公益项目时必须考虑，该客户是否从一开始就有着"清晰的抉择标准"。需要一改再改的难搞定的客户可能会让广告公司花费更多工作时间。简单而言，好相处的客户动用广告公司的资源较少。而对奥斯本来说，与客户交谈不仅涉及工作时间，还有劳动成本。优秀的公益客户会带来"有趣、富有成效且高效的广告工作。"这也就意味着好相处的客户会带来更顺畅的合作关系。正如位于布鲁克林的小型广告公司双位叙述广告公司（Doublebit Narrative）① 的 CEO 在谈论他们当前负责的一位公益客户时，表示：

> 当公益客户认为他们是我们最麻烦的客户时，事情会变得很有意思。每当客户要求进行改动时，他们会一直向我们道歉。他们是很不错的客户，非常可爱，是我们所喜欢的可爱客户。因此我们要尽可能跟这种客户合作。

广告公司与公益客户的核心关系非常关键。当广告公司经理人选择与他们预期好相处的客户合作时，经理人最终塑造了广告人的工作过程。优秀的公益客户可以节省时间，经理人在工作管

---

① 一家品牌语言工作室，位于纽约布鲁克林和卡茨基尔，拥有超过30年的品牌推广经验和将创意转化为实际产品的热情，该公司的使命是优化广告语言的使用。——译者注

公益让广告收益更大

理方面同样最终会优化广告人与公益组织之间的关系。虽然经理人无法提前知晓与这样的客户合作是否有趣,但他们实际的担心会让他们倾向自己更喜欢的客户。

经理人同样会做足功课,确保公益工作不会占用广告公司太多资源。首先,公益工作为广告人提供机会,让他们在未曾涉足的领域大展身手,尤其对于小规模广告公司更是如此。一位小型广告公司的 CEO 提到,为拓展和丰富广告公司的广告作品集,他曾为一家饮品公司做公益广告。在受访者中,这位 CEO 是唯一一位并未完全把公益工作和无偿劳动混为一谈的人,他希望借此吸引更多客户,他也是唯一一位没有谈到公益工作在道德层面可以诱惑客户的人,而是谈到如何以更加巧妙的方式从事公益工作,并为广告公司的商业广告带来价值。他表示,谈论公益事业的道德层面会对他造成压力,但:

> 公益广告是广告公司能力凭证的一部分,比如证明了广告公司的专业度。于是,当广告公司开始推销自己时,就得展示出多样化的广告作品集。公益广告展示了广告公司有能力运用有限的资源做广告。如果广告公司能做出成功的公益广告,就证明自己有能力做出一番事业,也就是说,广告公

第五章
谋篇布局：压力山大的广告经理人和广告公司

司可以带动自然流量①，比如顾客并非因购物广告而访问某网站或社交媒体。所以，这是一场数字游戏，这样的经历证明，如果广告公司可以利用有限资源大获成功，也就是如果我们缩小工作范围，削减部门成本，也可以大获成功，那大家都会知道自己可以信任这样的广告公司。

这位 CEO 把公益工作的缺陷变成了优点。公益广告成了对广告公司的肯定，以说服商业客户来找这样的广告公司。"如果资源有限，广告公司都可大获成功"，他说，"那想象一下，当这样的广告公司真的拥有资源时，可以做出什么大事情来。"

另一点也是他经常提到的，他们把做公益广告看作是对经验不足的员工的培训工具。正如一位广告公司创始人所说：

> 把年轻团队派去做公益项目，让广告新人在那里撸起袖子加油干。对于广告新人而言，只有公益项目可以给他们这样的机会，这是有影响力的大客户所不能提供的，我觉得他们这样说是有道理的。广告新人还未准备好参与投资金额巨大的重要项目，而公益项目则成为青年才俊的孵化场，可以让广告新人成长，而且公益客户也更加乐于接受年

---

① 自然流量：又称为主动流量，是指除广告以外带来的流量，并不是通过付费得到的流量，而是需要人为操作。根据特定的人群和搜索习惯，流量平台对搜索规则进行优化布局。——译者注

公益让广告收益更大

轻广告人。

因为公益项目相对保险，广告公司可派出青年才俊，让他们"奋力工作"，让他们"变得成熟"。公益广告一般遭遇的挫折，不论是未能获得公众注意，还是未取得标志性成功，都无关紧要，只要不损失客户或者有损广告公司声誉，其他都不会对广告公司造成实质性伤害。但是由于犯错误而引起公众关注反而成为引人注目的失败。正如一位在Interbrand公司负责监督员工的资深广告策划人说道：

> 自私地说，我们想关注的事情是，把广告新人聚在一起，让这些广告新人从事本无机会参与的广告项目，说实话，有时候，这些广告人很年轻，可以和公益工作创建很亲近的关系。与此同时，因为这些广告人太年轻，他们无法招架住公司CEO的想法，所以，我想为年轻的广告人创造机会，让他们获得工作经验，学习进步。公益广告把这类工作混杂在一起，广告公司要确保不论客户是谁都能做出正确抉择，也要确保年轻广告人可以借此训练自己，得到自己想要的经验。

对于广告新人没机会做的工作（比如互动网页广告），公益广告是他们有用的训练场。商业客户也许不太能接受年轻广告

第五章
谋篇布局：压力山大的广告经理人和广告公司

团队负责管理他们的账号，而公益客户则与此相反，公益客户对于谁负责这件事无法挑剔，即使是经验不足的广告新人负责，他们也得对此充满感激之情，所以公益客户的态度就是"更乐于接受年轻广告人。"大部分 CEO 一再说明广告人要尽可能多地把时间分配给公益客户，"就像对待商业客户那样对待公益客户"，公益客户是广告新人的训练场，公益客户在此发挥作用。

一些 CEO 强调，公益工作得以让广告人在广告界打造一番事业。谈完公益客户的价值之后，奥斯本接着说：

> 无论我去哪里，我都会告诉年轻人这一点，如果你有机会可以做一件没有负面风险的事情，哪怕这件事情非常糟糕，品牌方看起来很可怕，其中没有任何好处可言，这时候，你依然要抓住机会，因为不论是一举成名或者一败涂地，都没人会追究你的责任，你得到的只有经验。

奥斯本的回答中有一点令人震惊，那就是在他看来，公益工作约等于"破破烂烂的东西"。公益广告如果没有达到预期，也并无大碍，糟糕的公益广告既没有为广告人带来名声，也没有产生任何经济效益，至少在广告界情况确实如此。

> 公益让广告收益更大

公益广告：企业社会责任、聘用和留住人才的工具

据接受采访的一些 CEO 称，承担公益工作、无偿工作和二级企业社会责任，是管理企业形象和招揽人才的方式。本书作者采访了 SS+K 创意公司的联合创始人马克·卡明斯基（Mark Kaminsky），SS+K 创意公司以慈善项目驱动广告项目而闻名（著名广告包括美国前总统奥巴马的竞选活动），SS+K 创意公司明确做出承诺，该公司 20% 的工作用于企业社会责任和公益活动。卡明斯基说：

> 广告业是一个奇怪的产业，如果不是为了广告的话，广告业的许多从业者可以在资本主义社会中拥有舒服的位置。无论如何，资本主义重度依赖于利润和机器。但是忽然间出现了广告的商业艺术，在广告界，广告人有音乐才能、写作才能和设计才能。这是一件非常美妙的事情，这是一个美妙的环境，但却没吸引来同样美妙的人。
>
> 在 20 世纪 60 年代出现了广告业的自我形象。我认为，在广告业，不仅有普通商人，还有充满理想主义的人，特别鉴于广告戳人软肋的特质，广告要操纵人，让人疯狂抢购，尤其能把这两点结合在一起。广告业偶尔需要做一些公益，付出无偿劳动，并全身心投入其中。反观全球大型广告公司

第五章
谋篇布局：压力山大的广告经理人和广告公司

李奥·贝纳广告公司（Leo Burnett Company. Inc.）[1]，该公司不提供无偿广告服务，公司盈利是公开的，它们认为公司属于社会公共实体的一部分，这样的公司形象令人发呕。这就是不正确的自我形象，一种不好的公共形象，一桩生意人的形象。

广告公司人员充足，我的意思是，广告公司让广告人趋之若鹜，我们有强烈受公益动机驱动的艺术人士。

我问道：这类广告人属于已经做好准备从事话题类广告了吗？

卡明斯基：是这样的，公司中确实存在过这样的广告人。正如我刚才谈到广告时所说，要不是上天眷顾，我不确定这些广告人会在哪里做广告，有的人认为广告公司就代表了广告界，你要明白，广告人是广告事业的忠实信徒，广告人坚信他们可以改变世界，让世界充满道德感。你要明白，这种类型的广告人，他们是住在布鲁克林20岁上下的年轻人，是潮人、骑着单车，还是素食主义者。你认识这样的人，对吧？如果这样的人离开广告界，生活会变成什么样？他们可以是大型广告公司的自由撰稿人，销售着没人在

---

[1] 李奥·贝纳广告公司因其创始人李奥·贝纳（Leo Burnett）得名，李奥·贝纳是美国20世纪60年代广告创作革命的代表人物之一，他创作了许多著名的广告，"绿巨人乔利""老虎托尼""狮子胡伯特""金枪鱼查理"等，成就了许多著名的品牌，曾被时代杂志评选为20世纪100位最有影响力的人物之一。——译者注

公益让广告收益更大

意的产品,然后过着自己的下班生活。但是在 SS+K 创意公司,我们为这样的广告人提供机会,让他们拥有更完美的人生,他可以成为为事业而发奋工作的广告人,至少在很大程度上他们可以过上这样的人生。天下没有十全十美的事,但是在 SS+K 创意公司,广告人可以遵守自己人生和工作的道德准则。这样的事情非比寻常。那现在我们还能做到这一点吗?当然不能了,有时候我们还会谈到这些,我的搭档兰尼(Lenny)还有我,我们现在是骗人进广告公司的人了。

在赞歌中,广告是艺术家、音乐家、作家和设计师的聚集地,但在资本主义社会中它却不受人喜爱。卡明斯基提出了公益工作的两大好处,首先,公益工作属于典型的企业社会责任,是回馈社会的一种方式,广告公司在"现代资本社会中"不再"操纵人心",不再推动"疯狂抢购"。取而代之的是,广告公司"做一些有利于大众的事情"。公益工作是可以吸引天赋异禀艺术家的方式,这些艺术家是"真正的信徒",他们不想只在资本主义中挣扎。只有大胆突破,趣味横生的广告作品才可以赢得广告大奖,而广告人视这样的机会为难以置信的福利。除了以获得广告大奖的承诺吸引广告人才之外,公益广告给予理想主义者机会,让他们拥有更完美的人生,可以实现难得一见的生活方式,即遵循自己的道德准则(本书假设是反资本主义的道德准则),过自由的生活。

第五章
谋篇布局：压力山大的广告经理人和广告公司

然而把公益工作看作一种企业社会责任则需要把目光集中于广告公司，而不是某一具体职业最终做的某种工作。广告界是价值数百亿的产业，大型跨国广告公司的盈利可能超过了他们的客户。这种情况下更是加深了广告业作为资本主义肆无忌惮发动机的公共形象，因此，从事公益工作可以防止公司被污名化。旗下有广告公司的大型控股公司常在企业社会责任年度报告中提到所做的公益工作。

因此，正如荷兰皇家壳牌集团在环境保护项目中投资那样，广告公司会在公益事业中投入无偿劳动。但是有一点关键区别，商业公司不是为了"做善事"，而是关心自己承担的道德风险，面向消费者展现自己的企业社会责任，至少展现部分企业社会责任是赢得消费者口碑的一种方式。但对于广告公司而言，事情就变得不同了，广告公司的客户并不只是商业公司。正如卡明斯基等人敏锐地意识到，尽管公益工作确实有履行这种企业社会责任的功能，但管理广告公司的形象也是一种向内的努力，即针对广告人的工作，也面向他们想招募的员工。

正是因为SS+K创意公司比其他机构进行了更多的公益工作，并且了解很多公司对于公益事业，也就是"基于解决社会问题的"公益工作和二级企业社会责任，从而并不会一味地追名逐利。正如卡明斯基开玩笑说道，广告界满是骑着自行车、吃着素食的潮流达人。尽管还不清楚这样的刻板印象是否真实，几乎接受访谈的所有广告创意人和广告策划人都认为自己更自由，正

> 公益让广告收益更大

如"自由"一词在美国的用法：人们可以为民主党投票，人们可以支持女性生育权、彩虹族权利、控制军火，还能为气候变化发声。通过从事公益工作，SS+K 创意公司与其他广告公司含蓄地向员工承诺了资本主义与道德方面可以兼容。但既然广告人承认他们是资本主义的"女仆"，出于广告业基本的结构性原因，广告人就不能追求道德的纯粹性。

善的展示：先发制人

广告经理人通过抢先一步衡量和匹配不同类型的善从而规划着策展工作。经理人考虑了客户公司的结构和决策过程后，为工作顺利开展打下了基础，这也是所有客户所渴望的专业合作。卡明斯基适时地表示，同样地，当经理人把公益工作看作是聘用人才或留住人才的一种方式时，就让受雇广告人有机会避免把他们的生活与承担个人道德和公司工作分裂开来。管理公益工作同样让广告创意人和广告策划人模糊了善的边界，变成一团乱麻。如果经理人想要公益工作"发挥作用"，避免让广告公司花费过多时间，成为其道德负担，那经理人需要认真考虑在具体项目中，不同善之间的互动方式。当我问及某位 CEO 何时会拒绝公益工作时，他说：

第五章
谋篇布局：压力山大的广告经理人和广告公司

　　每个人都可从中找到自己的热情所在，兴趣所在……在管理团队提供信息的基础上，我们会给予考虑的。这也正是我与其他人不同的地方，我们不能随意点燃广告人的热情。如果有的公益事业确实值得一做，联系到我们公司，并表示"如果能有你们帮助我们，那真是再好不过了"，我会在办公室考虑一下，然后和员工们交流一下，如果他们对此不感兴趣，那很遗憾，我只能回复公益组织说，"祝你们好运，很遗憾我们不能够为你们提供帮助了。"

　　这位 CEO 除了需要定义值得一做的公益事业外，还需要抉择手下的广告人是否对此抱有热情。尤其在广告人需要投入一些自己的时间进行工作的情况下，他们就更加需要对这样的项目乐于奉献。如果广告人缺乏这样的热情，广告公司就会拒绝这样的公益项目。这表明，虽然不是所有的广告公司，但是对于大部分广告公司而言，由于公益事业可以点燃广告人的热情，接受公益项目被看作是道德的善。

　　大多数 CEO 对广告人是否关心公益组织使命这一问题都很敏感。毕竟，在受访的广告公司中，有一两家公司的经理人派广告创意人和广告策划人负责公益项目是以他们完全自愿为基础的。经理人把公益项目介绍给不同广告团队，然后让广告人对问题产生强烈感情的过程被称为"举手环节"。某广告制作公司的主席受访时称：

公益让广告收益更大

你必须和公益组织讨论广告公司和广告人，讨论被人反对或获得支持的决定，你要知道后续合作人员是谁。在公司，你必须接受他人的"拒绝"。我们有自己的人生观，但是这不代表我们可以把自己的人生观强加于同事或者下属。

这位广告公司 CEO 称，即使他从未因公司下属不愿意而迫不得已拒绝过想合作的公益组织，他还是会把公益工作谨慎地分配给公司内部对某一公益事业感兴趣的广告人。再举个例子，迈克尔·J. 福克斯帕金森研究基金会（Michael J. Fox Foundation for Parkinson's Research）通过多伊奇广告公司（Deutsch Advertising Agency）前董事唐尼·多伊奇（Donny Deutsch）曾联系到多伊奇广告公司，其中，唐尼·多伊奇与迈克尔·J. 福克斯帕金森研究基金会的领导是熟人，他们曾同为一家机构的董事会成员。也就是说，该广告公司前 CEO 把该公益项目介绍给了自己的广告公司，而负责该公益项目的一位广告人的父亲也患有帕金森。公益事业总是与个人道德相关联，在大型广告公司尤为如此。有些广告人为"道德发声"有时甚至会让广告公司拒绝商业客户。这样爆棚的道德感非常少见，但确实会出现，卡明斯基说：

> 我曾着迷于林林兄弟马戏团（Ringling Brothers Circus）。我只知道马戏团把大象送去牧场。你关注过这件事情吗？事实证明，林林兄弟马戏团里全是一群利用动物的坏蛋。但他

第五章
谋篇布局:压力山大的广告经理人和广告公司

们试图做出弥补,以一种公开方式,告诉大家,大象被送去动物的天堂佛罗里达州,在那里享受按摩并度过余生,对于大象,这样的生活真是享受。所以我会想,"好吧,他们现在洗白了,但是他们这样做完全是因为害怕被善待动物组织(PETA)[①]批评得体无完肤,就算不是善待动物组织,还有其他人来惩罚他们。但他们总算是做了点事情,那就这样吧,我也不再追究了。"然后,林林兄弟马戏团发出招标书,本公司受邀参加。我们公司中20岁左右和30岁左右的广告人对此表示强烈反对,因为他们觉得这个马戏团还在做令人发指的事情。此时,你夹在中间,只有员工感兴趣时你才会接这样的广告活动。如果你不用处理这样的事情,那么在纽约拥有一支由广告创意人、广告策划人和广告经理人组成的队伍是一件非常幸运的事情。

虽然未能实现二级企业社会责任这件事似乎让卡明斯基有些难过,但他还是让员工对公益客户拥有道德评判的权力,在我们的采访中这是唯一的案例。由于SS+K创意公司员工的反对,使商业广告遭到拒绝,但以此可以看出这样的事件确实会发生。

出于非道德和组织结构原因,广告创意人和广告策划人在公

[①] 善待动物组织(PETA)认为动物应该和人类拥有平等的生存权利,因此PETA奉行"动物不是供我们食用、穿戴、实验或以任何方式虐待的"这一原则。——译者注

公益让广告收益更大

益工作中所承担的道德风险也因此显得极为重要。Mother 广告公司的创始人之一在回忆其早年工作时,她当时在大名鼎鼎的奥美广告公司负责公益客户:

> 在奥美广告公司,公益项目有价值,也有趣,就是这么回事。尤其当你负责大客户时,就有一整层楼专门作为你的办公室。你从事商业广告两三年后会小有作为,今年终于不用再卖服务器了。而你需要思考的是,美国红十字会,甚至电影节之类的事情。突然之间,这一切都变得非常吸人眼球,你的感觉就是,"我的天啊,我终于不用再想尿不湿的广告了,可以做一个有趣的广告项目了。"

广告工作并不是星光熠熠的工作。如同其他形式的工作,日常的广告工作也会变成磨人的苦差事,每一个广告一遍又一遍地用着相同的视觉语言,慢慢地磨着广告人。相同信息和相同的衍生信息让广告撰稿人发疯发狂。一些广告不允许发挥创意,一些广告持续时间过长,让原本有趣的、可以发挥创意的广告工作变成了日常工作。公益广告作为一种"小阀门"让广告人得以从受限制或单调无趣中摆脱出来。

相对于其他的职业,日常工作带来的折磨也许不是广告人需要思考的大问题,但广告业有着极高的员工流动率。根据美国国家广告协会的报告,广告业的年均员工流动率为30%,也就意味

第五章
谋篇布局：压力山大的广告经理人和广告公司

着，广告公司每年会有近 1/3 的员工离开。30% 员工流动率的部分原因在于随着广告公司客户离开或留下，员工也会因此被解雇和雇用。这当然也属于个人抉择。在我们的人种志调查中，在我们的广告业生涯中以及从广告业常理而言，广告创意人和广告策划人一直在寻觅着下一份工作，下一次挑战。在就职几周之内广告人就会开始向其他公司发送作品集了。

在困难中还能留住员工的部分原因在于许多广告公司有免费零食台、玛格丽特鸡尾酒、咖啡台和台球桌等福利。但是公司管理层不仅需要为广告人带来高科技的宠溺，还要消解员工的无聊感。公益广告就是消解无聊感的一种方式，广告人也无须彻底脱离广告事业。鉴于大部分公益广告都属于"支线任务"，无须广告人投入大量精力学习品牌历史、商业生态位置、视觉语言、核心创意点，诸如此类。公益广告同时还是一种快捷方式，直达令人神清气爽的创意大道。正如一位广告公司的 CEO 所说：

> 对于大型广告公司而言，公益广告肯定是让广告人保持兴奋，让他们感到即将担负起新的责任的一种方式。公益组织有时候会让广告人发挥创意，但有时承担这些创意的风险比某一家福布斯 100 强公司愿意承担的风险更大。

他认为公益广告提供服务不仅可以发展事业，还可以承担明显有重要意义的全新责任。为公益广告服务还让工作变得有趣，

公益让广告收益更大

因为广告创意人可以尝试福布斯 100 强公司不愿尝试的创意点，因为对于这些大公司而言，他们更愿意接受经过仔细考量后的广告和渐近式小创意，而不是也许会招致反作用的大胆创意。之前提到的公益广告作为"小阀门"不仅是广告人一种实现道德追求的方式，还是释放创意的出口。正如 SS+K 创意公司的莱尼·斯特恩所提到的道德和创意：

> 我确实认为，大多数广告人把公益广告看作是至高无上的东西，是吸引人的顶级灵丹妙药。服务公益广告让广告人得以从日常工作中抽出身来，为广告公司带来一线阳光。还有就是当广告人无偿为客户服务时，客户更愿意和广告公司对话。"如果你觉得这样做有用的话，那就这么做吧。"所以这就给了广告人机会，让他们得以发挥创造力，想出更加大胆的创意。

对于广告公司形象管理而言，道德追求和创意机会串在了一起，让公益广告与广告公司成为天造地设的一对。换句话说，为了实现公司的善，经理人不仅要考虑员工的日常工作和创意工作，还要考虑员工的事业发展还有实现道德追求之间的关系。尽管广告人肯定要贡献出一部分工作时间，这也是值得付出的时间。

第五章
谋篇布局：压力山大的广告经理人和广告公司

规划工作，卓有成效

经理人并非一直可以深谋远虑，规划公益广告，满足广告人边界模糊的善。在本书少数案例中，经理人把公益事业带到广告公司，低调地分派给员工。在一次访谈中，某一小型广告公司的CEO充满热情地谈论了她带进公司的一个公益广告，并且数年来一直负责该广告。她全情投入，投入了感情，也投入了资源。采访结束后，她向我们推荐了负责该广告的一位广告创意人。我们和这位广告创意人交谈的时间不长，但有点折磨人。这位广告创意人并不健谈。我们询问他关于他负责的这个公益广告时，他表示这与平时的商业广告任务没有区别，他只不过完成了CEO交代的任务。

然而，在本书的采访案例中，这样的例子并不多。即使是公司CEO通过个人关系，基于个人道德担当，把公益项目带入广告公司，CEO也会考虑公司整体运营状况以及公司广告创意人和广告策划人的个人喜好之后，把公益广告进行匹配。CEO偶尔也会询问员工意见，但大多数情况下，他们会直接把公益广告的任务分配给对该公益广告感兴趣、想要进行创意挑战或者需要培训的员工。许多公益广告是通过个人关系介绍进公司的，所以在公司内部，至少是存在一部分人对此抱有热情的。

通过匹配公益广告和广告人所关注的善行，经理人可以实现规划组织结构的目标，同时超越个人的道德目标，可以保证公益

公益让广告收益更大

工作进展更为顺利，工作更有成效。经理人的目标各不相同：管理公司形象，培训广告人才，除了进行中的商业客户的任务之外给予广告创意人和广告策划人喘息的机会。经理人还决定着广告人道德和创意工作的范围，而这一部分则属于其工作规划的副产品。

社会学家史蒂文·卢克斯（Steven Lukes）在描述权利的三个方面时提到，权利重要的一面是设置议程的能力。在毫不掩饰的强制性暴力和意识形态的欺骗性力量之间存在一种塑造他人观点的世俗力量。在很大程度上，这解释了为什么公司要向管理层付薪水。经理人必须考虑到员工对于善行之间的纠结，或者彼此矛盾的预期判断。当这些广告人变得追名逐利时，他们对其他事物的态度也会变得世俗起来，比如滥用企业社会责任或者获得广告大奖的自私动机。对于经理人而言，公益工作不过是董事成员各司其事时，深化其精英关系网的一种方式。更为关键的一点是，广告创意人的工作和广告策划人的工作将会相互混杂并匹配不同的善行，而这一切都由广告经理人的策划工作所塑造。一种善行与另一种善行是否会有矛盾并非逻辑问题和理论问题，而是一种实际存在的难题。经理人的规划把骰子掷向了不同善行。

第六章

善的引导：工作界限，善之桥梁

公益让广告收益更大

对于从事这项工作的广告人而言,公益广告主要围绕三种善组织活动:道德的善,令人满意劳动的善以及获得广告界认可和声望的善。正如本书所示,受访者谈到了公益工作的道德维度,并找到机会,承担了具有说服力的道德主体工作。受访者谈到,公益服务是还未被异化的劳动,因此充满存在主义的诱惑力。在广告界,广告大奖成为强有力的神圣化工具,将公益工作转化为资本的象征,广告人可以将这些象征资本的大奖转化为他们在公司内部以及在不同公司之间的职业发展和薪酬。经理人运筹帷幄,在关键的善之间进行引导,具体而言,经理人要推掉不好的广告项目,批准那些与公司目标更一致的广告项目。毕竟,经理人需要关注市场,限制广告公司在公益工作方面的支出,并将公益广告作为招募人才和留住人才的工具。

这些不同的善可以被看作不同假设下模式化的话语。每一种善都有自己的图谱和暗含的背景,在不同分析层面下,每一种善彼此关联,以可预测模式引发善的发生和善的纠缠。回顾本书提到的多神论比喻,每一种对善的谈论都可想象为万神殿中的某一个神。一位神有时会对另一位神的追随者提出要求,有时会与其他神共享祭品。正如本书所描述,"纯粹"的善少之又少。本书并非一开始就分析纯粹的善,随后寻找善之间的"妥协"。我们认为,善之间持续存在一种漩涡,在漩涡中,源动力与现实工作之间相互流动,商业立场与道德立场之间相互交融。善确实常以某种方式相互牵连,很难在采访过程中将它们分析出来。不

第六章
善的引导：工作界限，善之桥梁

过，在某些时候，不同善之间的匹配和模糊化成为实际存在的问题。

妮娜·埃利亚索夫（Nina Eliasoph）很有说服力，她认为思考善的纠结需要思考行为者的"引导技术"。对道德的谈论促使广告人思考手段与目的之间的关系，或想象行为带来的后果。谈论工作引发的关于创造力的问题，创造力与劳动之间的存在关系问题。在谈及受广告大奖影响的职业生涯似乎让受访者从行为动机和行为后果的角度思考公益广告。再探讨多神论比喻时，居住在万神殿的神有时会互相嫉妒，在各自的领地也会发生冲突。

换句话说，每种善的内涵可能会相互冲突，广告人从事项目的实际操作可能会导致令人不安的矛盾。为解决这些矛盾，广告人和经理人需要找到方法，要么寻找纯粹的善，要么模糊不同善之间的界限。也就是说，经理人需要先发制人进行谋划，但仅凭经理人的运筹帷幄并不够，还需广告人巧妙应对善之间可能存在的冲突关系。

我们主要讨论受访者接受访谈时出现的两种散漫式谈话方式。首先，我们跟随欧文·戈夫曼（Erving Goffman）对污名化转移的理论，关注对于污名化转移的研究，即在道德方面表示轻蔑之人的话语构建和话语使用。我们还特别关注到，善之间的矛盾关系超出了广告界，进入了更广泛的公共领域。其次，我们借鉴社会学中关于歧义和一词多义的文献，集中展示话语的桥梁作用，特别是充满激情的语言如何让受访者在谈论不同的善时可以随意转换的方式。

轻蔑之人：善的界限与污名化转移

对于广告人而言，当他们处于善可能发生冲突的危险地带时，可以在危险地带游走的重要方式之一就是承认道德常受到其他善的玷污，但广告人从未声称广告界内存在糟糕的道德不纯粹。虽然很少有人说（或似乎有人想说），他们参与公益工作完全是出于道德考虑，但许多受访者指出，相比其他广告人和广告公司，他们的道德感更强。这种形式的转移和界限的划分可能在污名化行为和污名化身份中很常见。社会学家戈夫曼首次提出污名化概念，描述被污名化的人如何继续以更明显的污名来污名化其他人，因此这些污名其他人的人应该是污名化的"真正"对象（例如，存在听力障碍的人嘲笑耳聋的人），只要稍加寻找，从精神病患者到遭受失败的企业家，这种污名化转移的策略随处可见。

在本书受访者接受采访时，污名化转移很常见。一些受访者会煞费苦心地解释，他们如何避开与广告大奖有关、引人注目的广告工作，有时候这些广告甚至是非常有吸引力的创造性广告工作。这些受访者明确拒绝其他善，强调自己每年都会与一两个公

第六章
善的引导：工作界限，善之桥梁

益客户合作，把大部分工作时间花在了"幕后"，甚至把时间花在"无聊"的工作上，比如重新设计网站、选择字体以及为公益组织的结构变更献言献策。例如，一家小型精品广告公司的CEO艾比（Abby）表示自己的团队从未尝试过可以获得广告大奖的广告工作，甚至从未尝试过为客户做特别有趣的广告。艾比解释：

> 我们的工作后来实际成为一项深入的研究，因为在观察了公益组织与其他人的沟通方式后，我们开始对公益组织的使命进行微调，我们付诸真正的行动，从具体细节开始，比如，公益组织的身份是什么。要明白，我们需要做出真正的决定——决定公益组织的身份，公益组织的使命，甚至决定公益组织要资助的艺术家的类型，公益组织的地理位置等。所以，这算是一次真正的重新评估工作，其中还包括了公益组织的基金和使命。我们更大程度上是在引导该组织。在帮助和指导公益组织并一起修改使命后，该公益组织转向了传统营销手段。因此我们可以从全新的视角看待公益组织，公益组织的名字。该组织以前的名字很冗长，现在名字变短了，还有了自己的标志，这都是一些特别基础的东西，也没什么神奇的地方。

该广告公司最终在客户的电子邮件签名、字体和名片等事

> 公益让广告收益更大

情上花费了大量的时间——也就是他们所谓的"没什么神奇的事情"。在艾比的叙述中，公益工作如此平凡。艾比认为，在公益工作中，她会优先考虑可以为公益组织带来长期价值的结构性变化。艾比表示："没有人可以了解广告公司所做的工作。我是说广告公司可能更多是从人类视角考虑问题的，所以晚上睡觉时，我觉得我不只是在赚钱，也在通过某种方式回馈社会。"

同样，几位来自 Mother 广告公司的受访者解释，他们慢慢意识到，自己为某家公益组织做了很多工作，好像成为服务于这家公益组织的广告公司。多年来，这几位受访者设计了公益组织的网站，对该网站的设计反复修改，并咨询了许多关于公益组织结构的问题。他们所做的这些工作与广告公司常年为商业客户所提供的服务一样。虽然他们确实为该公益组织组织过一个高曝光度的活动，但他们所做的大部分工作曝光度都不是太高，因此算不上是光彩夺目的广告，也评不到广告大奖。在"阅读为本"公益活动中，Mother 广告公司的一位联合创始人称，尽管他对广告公司所做的工作感到自豪，但他再也没有以这种方式接手过公益客户，因为这种公益客户会消耗太多广告公司的资源。

"阅读为本"公益活动的案例不仅阐明了广告公司与客户关系发展太快的危险，也说明了公益广告可能要花费过多金钱和精力，此次公益活动让受访者能够区分自己所在广告公司和其他直奔"广告大奖"而工作的广告公司的不同意图：

第六章
善的引导：工作界限，善之桥梁

广告大奖与金钱有相似之处，服务于公益事业是为了获得广告大奖吗？服务于公益事业是为了金钱吗？还是因为公益事业是我们自认为正确的事，并因此获得了广告大奖？我认为我们总是持后一种观点。我们尽最大努力解决问题。如果后来可借此获得了广告大奖，那就更好了。但据我所知，我们并没有向广告界其他广告人那样追名逐利。有些广告公司专门设立部门，只做对标拿奖的广告。这几乎是一种假工作，在这样的部门里，广告人说服客户，"嘿，你曾在午夜时间（无效广告时间）放过这个广告吗？"然后这样的广告会被当作真实工作，广告人提交广告，因为这个广告有获奖的机会。如果你赢得了广告大奖，就有更大概率为广告公司获得更多公共关系，为广告公司赢得客户，实现每年的赢利。

至少在这段采访摘录中，道德感与广告大奖，还有市场商品并不相容。这两段摘录表示，无论是为了赚更多的钱，还是为了获得名声和认可（正如受访者指出的那样，名声和认可可以在未来职业生涯中给你带来收益），这些工作都是实现自身利益的手段。尽管 Mother 广告公司为公益组织所做的工作最终确实获得了广告大奖（而且该广告公司肯定要申请参与广告比赛），但 Mother 广告公司利用公益广告区分了 Mother 广告公司与其他广告公司的不同。Mother 广告公司是出于正义理由从事公益广告，而其他广告公司则是把公益广告看作达到非道德目的的一种手段。

公益让广告收益更大

在某种程度上，Mother广告公司在联系公益组织，从事公益工作方面都属于特殊案例。然而，那些做着平淡无奇公益广告的广告人在道德实践中标榜自己，以此为"平凡无奇"的广告工作增添道德光环。本书中对此有许多形成鲜明对比的叙述。有些追名逐利的广告人出于不正当的个人原因，有时可能出于贪心，而追随公益事业。本书受访者常常努力区别自己从事公益工作的方式与其他广告公司从事公益事业的方式。一家小型广告公司的CEO指出：

> 事实上，一些广告公司的公益项目与公司负责参与广告大奖比赛的部门紧密关联，而规模更大的广告公司专门设立负责广告大奖的部门。部门名称当然没这么露骨，不会带有"大奖"的字眼，但是，负责奖项的部门把公益广告看作从事创意广告的机会，然后借此获得广告大奖。真实情况是这样吗？我个人觉得这样的做法有点名利心过重。而我们的想法不是这样，我们只是把公益广告看作能做点什么事情的机会，也就是服务于那些可以让世界变得更美好的公益组织，为他们制作伟大的广告。

追名逐利的广告公司想以此证明他们在广告界的相对地位。在中小规模广告公司工作的受访者谈到，大型广告公司是为获奖而生的无良工厂，它们并不关心道德层面的善。毕竟，虽然

第六章
善的引导：工作界限，善之桥梁

大型广告公司的部门名称里没有"广告大奖"这几个字，但他们设立了负责获得广告大奖的部门，这一点人尽皆知。一位小型广告公司的 CEO 曾抱怨，"大型广告公司就是广告界的侵略者"，这些说法都是针对道德动机不纯的大型广告公司的。还有一些受访者回忆，他们在 BBDO 环球网络公司或 Grey 广告公司等顶尖跨国广告公司工作时，公司对待公益广告的方式让他们感到不安。当我们问及一位广告人在采访结束时有什么要补充说明时，他说：

> 我在 BBDO 环球网络公司的工作经历与众不同，我当时在对接一个从事公益工作的公益组织。该广告公司当时的所有工作都是具有创造力和创意的工作，工作过程就像是深入公益组织下游，把故事讲述出来，找最酷的摄影师讲最酷的故事，确保我们可以借此公益广告获得广告大奖。因此，工作中的优先级各不相同，而且就正在进行的工作而言，工作的复杂程度还有工作的重点都是不同的。

这段话指出，大型广告公司的公益工作受到公司领导者不诚实动机的推动，因为这些领导者暗地里追求的优先目标与公益工作所声明的目标并不相同。然而，除极少数例子外，小型广告公司受访者的叙述与在多伊奇广告公司、BBDO 环球网络公司、麦肯世界集团等大型广告公司工作的受访者的叙述在本质上并无区

公益让广告收益更大

别。大型广告公司与小型广告公司的受访者对于善的描述中都有着冲突性和模糊性。

警示故事：社会化的善之冲突

抽象谈论"只为获得广告大奖的广告公司"，甚至点名批判一些追名逐利的广告公司，这些都是一种污名化转移策略。受访者提到了一些特定的广告，将这些广告作为符号化的聚焦透镜。一些案例提到了一些追名逐利的广告，并以此批判广告公司。奥美广告公司的创意总监坦南鲍姆（Tannenbaum）辩解道（而奥美广告公司正是其他受访者批判的追名逐利的广告公司之一）：

> 有一桩丑闻，某广告公司赢得广告大奖后，奖项被撤回。获奖的是一个帮助寻找难民的应用程序的广告。也许奖项只是一个象征，但是奖项的撤回让广告公司的动机和可信度受人质疑，该应用程序也受到了这件事情的影响。我的感觉是："你知道吗，证明给我看，这个应用程序可以让我信得过。"很多人对一切事情都持怀疑态度，广告有点像总统竞选承诺，你要告诉观众你的打算。观众看过你的作品，他们会想，"好吧，这个广告好像在国家电视台上播过三次了，就像是看见一本书，封面上写着'水净化系统'。"我的意思

第六章
善的引导：工作界限，善之桥梁

是，这个广告点子不错，但广告内容真实吗？可信度高吗？有人对此负责吗？而且我也不确定是否每个人都会用极高的道德标准约束自己。

细心的读者已经意识到坦南鲍姆所采用的一个符号聚焦透镜。"水净化系统"是"水即生命"公益活动的衍生活动。对弗兰克等人来说，这是他们的标志性成就，是他们引以为荣的道德善行，而对坦南鲍姆而言，这是一件值得存疑的事情。对观众来说，问题不在于判断"水净化系统"是为了获得广告大奖的策略，还是帮助喝不到干净水群体的崇高事业，而在于他们看到了这项公益事业。这个案例和其他案例一样，都体现着不同的善。广告人可以通过不同方式解读彼此的作品，并通过自己方式，展示自己的作品，展示自我。

大型广告公司组织的广告活动成为污名化转移和善的边界划分的重要案例，而在公益工作中善之间的冲突则更为显著，这种冲突关系超越了广告界。在我们的案例中和广告人的描述中，甚至在广告人之间的互动中，善之间的冲突不是问题，但在更广泛的公共领域中，善之间存在现实冲突。这就是社会学家杰夫·亚历山大所说的"社会化"，"社会化"就是潜在的问题成为公众可见的更广泛的问题，如果问题不社会化，公众就不会了解广告业内部的情况。

坦南鲍姆提到了另一个关于提供糟糕公益广告服务的例子。

公益让广告收益更大

2016年，跨国公司精信环球集团（Grey Global Group）在遭到公众强烈抗议后，被迫退还了戛纳狮像奖。位于新加坡的精信广告公司是精信环球集团旗下的十几个办事处之一，它曾与一家关注中东和非洲难民困境的马耳他公益组织合作，并制作出一款网络应用程序。该程序自称可以实时扫描地中海，可以将大海划分为便于管理的方形区域，只要用户下载该应用程序，任何一部智能手机都可连接到这些区域。人们可通过该应用程序做出个人贡献，用户可以舒适地坐在沙发上，监测地中海，如果监测到遭遇麻烦的难民船只，就可以通知公益组织。该应用程序希望可以借此降低前往欧洲途中溺亡的难民人数。正如《标准报》(*The Standard*)一篇报道中对该项目的夸赞，"人们利用午休时间搜寻需要帮助的难民。"这款应用程序的名字为"I Sea"（与I See发音相同）。

该广告作品参与了戛纳国际创意节，并获得戛纳狮像奖。尽管该组织已拿到了大奖，但还是出现了问题。就在该应用程序获奖的同一天，苹果手机下架了该应用程序。几个星期以来，科技博主一直针对该应用程序提出问题，他们认为该应用程序出了问题。应用程序中的图像似乎没有发生任何改变，不论在白天还是晚上图像都不会有所变化。所以他们认为，这个应用程序有问题。几天后，《广告周刊》的一篇文章指出，该应用程序应该只是向用户提供卫星画面，让用户可以'标记'船只，但该应用程序向用户显示的是一成不变的图像，同时展示当地的天气报告，

第六章
善的引导：工作界限，善之桥梁

借此让用户认为他们观看的是实况转播（如图 6-1 所示）。于是，精信广告公司开始解释，这款应用程序提供的是真实画面，只不过在测试阶段，用户看到的是静止图像。但这样的解释来得太晚。首先，在公众提出质疑之前，精信广告公司从未透露该应用程序还处在不完整的测试阶段。大家一致认为，精信广告公司的员工把这款未经测试的应用当作可以正常运行的应用程序，并借此机会在戛纳国际创意节上亮相。一位广告营销者尖锐地评论道："获得戛纳狮像奖的意义是什么？什么时候广告大奖成为工具并借此来吸引新客户了？什么时候广告界为达到目的不择手段了？广告界已堕落到如此地步了吗？我们竟能接受如此低的标准了吗？他们伪造了难民危机的解决方案，然后获得这一奖项。"

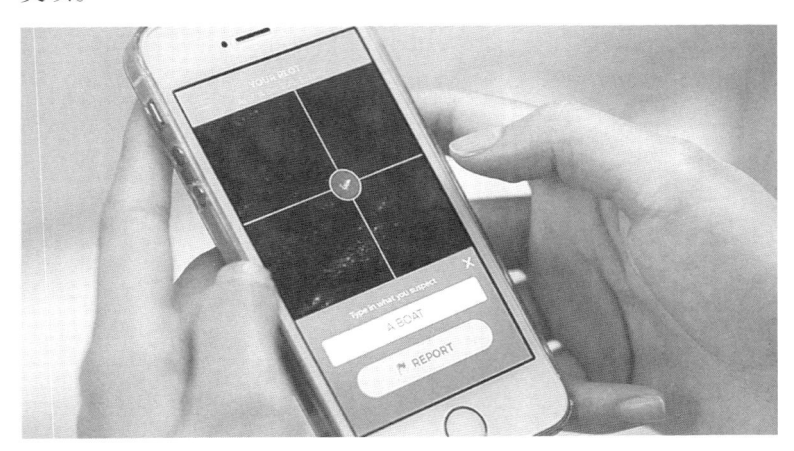

图 6-1　这款名为 I Sea 的应用程序由精信广告公司制作

公益让广告收益更大

尽管精信广告公司归还了戛纳狮像奖,但该公司并未承认它们的不当行为,与此相反,该公司表示,它们已经拥有如此之多的广告大奖了,没有必要谋划"骗局"来赢得广告大奖,并补充说明,"这种情况非常适合说一句'善意不受惩罚'"。自此之后,这款应用程序无人问津,技术专家表示,尽管该应用程序在技术上也许可行,但若投入使用的话,成本会过高。

当时真实情况如何?精信广告公司的广告团队真的会如此不择手段,故意提交虚假广告,只为获得广告大奖吗?在帮助难民"脱离"困境时,他们也推动着自己的利益,这能算道德的善在公益项目中发挥了作用吗?在此过程中,广告大奖是唯一重要的事情吗?由于精信广告公司并未就此给出回复,本书无法确定该公司对此的想法。

这并不是说精信广告公司出现丑闻的背后不存在公司结构性的原因,因为该广告公司明确表示,公益工作与广告大奖之间存在关联。一位在精信广告公司工作的广告创意人表示:

> 我会对广告公司创意总监说,"我的天,我有一个绝妙的广告创意,我认为我们应该做X、Y、Z,以此阻止枪支暴力。"我可以找公司的创意总监推销这个点子。具体而言,他们的做事方法很精明,他们把公益广告与广告大奖相关联。所以,戛纳国际创意节对于广告公司来说是颁奖盛典,当广告公司赢得戛纳狮像奖,就算是获得了广告界最为重要

第六章
善的引导：工作界限，善之桥梁

的奖项之一。所以，广告公司参与公益广告是为了赋予每个广告人机会，让广告公司可以在年末有作品参与戛纳国际创意节，因而广告公司会为此设立委员会。所以，广告人想到一堆广告创意，可能是为公益广告服务，也可能是为公司现有客户提供服务，还可能是为公司潜在客户提供服务，但不论是哪种客户，你都会说，"嘿，我们刚刚有了一个好主意，适用于所有类型的客户。"

然后广告人会推销他们的广告创意。首先我会向创意总监提出我的想法，他可能会说"是的，确实个好创意"，也可能会说"不，这个创意不太行"。如果这是个很好的广告创意，那么这个创意可进入下一阶段，进入精信广告公司的创意委员会，创意委员会由全球各地的精信广告公司办公室组成。接下来，各地办公室会派出代表，由代表进行投票。所以，广告公司可以从世界各地的广告人那里获得这些很酷的、有获得戛纳狮像奖价值的广告创意。我想说，其中许多广告创意都属于公益广告，因为广告人有很强的创意性和公益心。在广告创意得到该委员会通过后，精信广告公司就给予支持，助力广告创意的实现。

精信广告公司集中处理广告创意使得公益项目具有创意优势。并非只有精信广告公司想把公益工作和广告大奖混为一谈，但这也并非意味着，广告公司选择公益广告时完全没有考虑道德

公益让广告收益更大

因素。精信广告公司的一位创意总监说,他们全身心投入到公益工作中。在接受我们采访时,精信广告公司因发起一场美国枪支管制的大胆广告运动而受到媒体关注。

换句话说,我们认为开发"I Sea"应用程序的团队与精信广告公司的受访者之间可能并不存在太大区别。这两个公益活动都源于大胆的广告创意,有很大概率可以获得广告大奖,广告大奖当然很重要,但并非是可带给公益广告的唯一好处。"I Sea"应用程序的公益广告的道德目标明显,道德模板简单,又可以吸引公众注意力:让公众出力,共同负责难民的安全问题,让世界各地为难民问题感到担忧的人付诸切实行动,做出具体事情,助力拯救生命。因此当该应用程序的公益广告在戛纳参与比赛时,即使该应用程序未能真正发挥作用,这样的公益广告仍充满了诱惑力。上文提的那位科技博主认为,在一个商品世界中,追逐名利的公益广告泛滥,尽管有人为道德而服务于公益广告,但其他人只是为名利而已,这款应用程序就是其中之一。我们认为广告人和经理人会同时引领不同的善,在这种情况下,善的边界通常会更加模糊,也更易出错。

从受访者的角度而言,"I Sea"应用程序这一类案例,虽然让人感觉不适,但也是天赐良机。在这样的时刻,善之间的纠结冲突被社会化,为受访者提供案例,让他们得以了解自己,对善进行取舍或融合。这些广告人也许不是圣人,但也绝非魔鬼。

第六章
善的引导：工作界限，善之桥梁

激情的模糊化

广告人在实际工作中缓和善之间冲突的一种重要方式是污名化转移。通过指出其他人的恶劣行为，以净化自己的道德动机。即使广告人公开承认，公益工作既出于道德目的，也可成为满足其生存和推动职业生涯发展的手段，但这样简单地划分边界只能是在语言上和理论上引导善之间的关系，受访者在采访过程中用一些术语作为符号化的沟通手段，这是一种引领善的方式。

经理人和广告人谈论到广告工作时，都会说到"激情"一词，经理人和广告人对公益活动充满激情，把激情奉献给公益组织客户。他们也会失去激情，再产生激情，参与他们所热衷的公益项目。当我们系统性地梳理这充满激情的访谈时发现，"激情"一词会自发地出现于大部分访谈。在一些访谈中，"激情"一词几乎会出现在谈话记录的每一页。在我们的访谈中，有55%的受访者提到了激情的概念。受访者多次提到"激情"并且无意中也使用了这个词。这种"激情"是什么？"激情"在受访者的叙事中发挥着什么作用？

乍一看，激情似乎恰到好处地反映了道德目的。在解释广告人如何接触公益工作或解释广告公司如何接触公益工作时，充满激情的语言成为叙事核心。一位广告创意人解释说，他试图"通过做更多公益性工作来找到一点激情，找到目标"。另一位广告人说，因为他和同事"对了解气候变化充满激情"，所以他们参

公益让广告收益更大

与了关于气候变化的公益活动。

在广告人谈论自己时，作为道德承诺的标志，激情在他们的语言中显而易见。不仅如此，当经理人谈论如何在公司内部招募特定广告人执行特定公益项目时，也表现出激情。经理人不仅谈到了自己的道德考量和判断，还策划了与员工匹配的项目。经理人谈论这些策划实践时，激情成为一个重要的衡量方式，比如经理人会谈到衡量广告公司员工对不同公益活动的激情。一位公司规划部的中层经理在谈到所在团队决定接受一项公益项目时，他解释道：

> 我们的团队中有 6 个人对该公益项目非常感兴趣，我们想就此进行讨论。我们想让对项目感兴趣的人和合适的人参与其中。

此外，广告人会将这种激情延伸到公益客户那里，公益客户通常被描述为"对广告人所做之事充满了激情"，有时甚至被描述为"激情大过能力"。广告人在某些时刻会用激情的概念描述公益活动的目标受众，这些潜在受众要么应该对某一事业"充满激情"，要么他们看了广告后，激情可以被唤醒。自始至终，所有公益活动都与激情密切相关：充满激情的广告人激情澎湃地为心情激动且充满激情的客户精心策划活动，以此点燃目标受众的激情。

第六章
善的引导：工作界限，善之桥梁

然而，即使公益工作被定义为一种道德激情，我们在仔细聆听本书受访者的表述后，也无法简单确定道德与激情。当一位广告人解释他为何会在公益活动中投入如此多精力时，他抓住了激情这个点：

> 我们在广告公司轮流做公益工作，我们负责的许多公益工作都会从员工兴趣出发。如果你对某件事充满激情，并在个人层面产生共鸣的话，那你肯定能施展一番才能。

此处，激情映射在道德中，引人思考。激情是一种特别私人，又不受玷污的东西。激情来自内心深处，引起共鸣、让人产生兴趣，这些词都会被受访者交叉使用，用于描述他们与公益项目的情感联系。与此同时，当受访者谈到员工"在个人层面可以产生共鸣"的事物时，善不仅可以用情感主义的术语来定义，善还可以作为个人投资进行定义。在公益工作背景下，激情可能成为道德投资，但激情仍属于个人，是个人行为的善。换句话说，激情属于个人，是可变的。有些人把激情倾注于预防气候危机中，有些人可以把激情投入在防止校园欺凌方面，还有一些人把激情致力于枪支管制法律中。

· 公益让广告收益更大

从道德到工作

正因为激情深深地刻在个人内心,它无须被证明或解释:描述激情时会让激情成为个人投资,激情与道德的关系并非预先注定的。也就是说,许多受访者都是在道德范围内谈论他们对某一特定公益事业或公益活动的激情。一位广告艺术总监告诉我们"他对手写字体充满激情";另一位受访者则描述了她为何参与一场扶贫主题的时尚公益活动,这么做不仅因为她想帮助穷人,也因为她"对时尚行业充满着激情"。

当这位受访者详细阐述她对公益事业的激情的内在意义的看法时,她的回答完全偏离了公益工作的主题:

> 我不知道,大通银行客户对这一公益活动也充满了激情。我认为原因是该公益项目是他们工作的一部分而已,你明白吗?我认为,广告公司和大通银行客户的动机各不相同,这有点奇怪……银行的目的是让客户办卡、销售产品。基督教的目的是继续筹款,帮助社区。他们都充满激情,只不过方式不同而已。

大家在工作中的激情各不相同。一个客户对于赚钱和销售金融服务并无激情,另一个客户则对帮助穷人没有激情。虽然她觉得银行表现出的激情"很奇怪",但这两种激情实则一样。这位

第六章
善的引导：工作界限，善之桥梁

广告人凭什么怀疑他人的激情？更重要的是，这两幅充满激情画面的共同之处在于，它们都与某种谈论工作的方式密切相关。把优秀工作和道德美德放在一起有助于理解受访者所谈论的不同的激情。例如，一个相对较新的小型广告公司的 CEO 在描述他们的几个"充满激情的项目"时说：

> 我们目前与纽约的美国大兄弟姐妹会[①]（一家专注于照顾贫困儿童的公益组织）进行无偿合作，我们帮助该组织发起了一项新的数字活动以帮助他们招募志愿者。另外，我们还为商业客户的一种新伏特加制作广告，这种伏加特会在加拿大上市。这种伏加特是一种特别高级的伏特加，该产品的定位和广告创意都非常有趣……
>
> 我认为这些都是出于不同原因充满激情的项目。从广告公司的角度来看，广告人在任何时候都可以从一张白纸开始工作，可以与市场上的新品牌或新产品合作——这些都是特别诱人的因素，因为你可以为品牌做更多，而不是继承已建立起的东西。新的品牌规模往往较小，利润不高，你可以长期投资，帮助品牌成长，这样的品牌在商业方面有发展前

---

① 美国大兄弟姐妹会（BBBSA）是一个公益组织，通过与成年人建立导师关系，帮助儿童充分发挥其潜能。参与该组织的儿童将被指派一位大哥或大姐，他们同意担任其导师和榜样。最理想的情况是他们在较长的一段时间内为孩子创造连续性亲密关系。除在美国各地广泛开展业务外，该组织还在海外开展业务。——译者注

公益让广告收益更大

景。美国大兄弟姐妹会的案例充满激情,该组织的核心和灵魂是慈善。广告人热爱并投入其中,做这件事情让他们感觉良好。

尽管这位 CEO 将公益工作的激情与伏特加品牌的激情区分开来,但与他明显"充满激情"的两种描述相比,这种区分并没有说服我。此外,即使激情的种类被划分,也只会在一些采访中被划分。另一家中型广告公司的执行创意总监解释说,他所在的广告公司对不同的广告项目都具有激情,有些项目是无偿的,有些项目是付费的。谈及公益服务和商业客户之间的区别时,他指出:

> 我们把它们(公益组织)当作真正的客户,因为我们付出不打折扣的关心、爱和激情对待每一份公益工作简报。对于我们来说,是为奈飞做广告服务,还是为时代啤酒做广告服务,或是为公益组织做广告服务,都没有大的区别。我相信伟大广告创意可以解决问题,而激情可能是属于个人的事情。
>
> 我们会真心关注一项公益事业,我们只想把工作做到最好,投入了爱、激情与承诺到其中。我们非常投入,并且享受参与的过程。我们都喜欢努力工作,尽力做到让自己满意,让客户同样满意。广告工作之所以困难,是因为制作有

第六章
善的引导：工作界限，善之桥梁

趣的广告并不容易。如果你是一名设计师，你需要努力工作、投注激情、时间、打磨工艺、深思熟虑，做出明智决定。我们一直在尝试这样的做法。三年前，我还没这么多的白头发。

该案例中最引人注目的点在于，激情首先成为工作中可以被预料的特征。如果该广告公司对公益工作充满激情，不是因为公益工作与日常工作大不相同，而是因为广告公司的激情瞄准的目标不同。

也许我们可以预料到这一说法，毕竟，对于激情的讨论不会凭空产生。激情与工作之间关系的问题随处可见，而且由来已久。在理解工作文化的变化上，关于激情的概念变迁成为最有趣的标志之一。在资本主义经济早期，激情受人质疑。在经济学家和博学的历史学家阿尔伯特·赫希曼（Albert Hirschman）眼中，资本主义的出现显然是为缓和并驯服"人类的破坏性激情"。经济利益提供结构秩序，平息了激情（可能是更黑暗的激情）。正如马克斯·韦伯在其著作中写道，对历史的解读让现代资本主义的铁笼不再是新教伦理偶然得来的副产品。与此相反，铁笼至少成为情感层面的重点。

然而，激情发出了反击。晚期资本主义认为，工人需要对其从事的工作充满激情。激情投入不仅扩大了职业范围，还变成了一种高度个性化、情绪化的态度。工人需要意识到其内心深处的

> 公益让广告收益更大

想法，然后培养并展示其对工作的情感投入。在一本积极寻求自我改变的具有影响力的职业自助书《你的降落伞是什么颜色？》中，理查德·鲍利斯（Richard Bolles）给出明智的建议："如果可以，你最好从自己开始，从你想要做的事情开始，而不是关注就业市场中的'热门'职业。"此处的区别在于"热情"和"激情"。你会被那些点燃你激情的雇主所吸引。

这种发自内心、有着个人主义的激情不是阻止行为者进一步发展自己职业生涯的障碍，相反，激情逐渐成为工作中自我的必要组成部分。员工应该充满激情，并大胆表现出自己的激情。当前的职业自助图书逐渐强调工作中的激情。面试官会在抉择阶段考虑到受聘者表现出的激情迹象，并以此决定聘用哪一位。求职者用激情把经济需求转化为个人美德。简言之，激情已经成为资本主义新精神的基本要素之一。

于是，在我们的采访谈话中迸发着激情。激情并非偶然，也不是转瞬即逝的潮流。在广告业，关于激情的话题普遍存在。有很多广告公司将激情这个词融入其公司的名字中，包括"激情与毒药""激情数字"和"激情创意"等一些公司名称。网上还充斥着很多关于激发广告工作激情最佳方法的文章，这些文章给未来的广告人提出建议，职业生涯成功的关键在于驾驭激情。正如一名广告人接受期刊采访时所评论："其他人会说这只是一份工作而已，但我认为你需要对你所做之事充满激情，在你对这件事情失去激情那一刻，你也要承诺会对下一件事情充满激情。"

第六章
善的引导：工作界限，善之桥梁

模糊激情的出现

在职业的灵魂中，激情占有一席之地。不过，这种激情只是一种道德层面的激情。事实上，当我们试图在采访过程中理解激情的概念时，我们意识到在很多情况下，激情无法定义，即我们很难判断受访者所说的激情是属于道德激情，还是因为令人满意的工作而产生的职业激情。换句话说，在谈论善的话语中，激情的词汇让话语更加模糊。有许多理论传统都关注于模糊性。描述这种模糊性的普遍和生动的方法是对边界对象下定义，即描述不同的行为者如何有效地消除误解，以构建共同的行动路线。

激情有两种模棱两可的模式。首先，受访者在采访中用激情描绘着广告界中不同的善，但在受访者叙述中也存在模糊性。从该意义而言，激情可以调解和模糊善之间可能存在的紧张关系，甚至可以区别善之间的关系。其次，激情的模糊性让行动者在描述集体行动的协调方式时，从一种善过渡到另一种善。

第一个模糊性：行为者如何在受访过程中无缝切换不同激情。本书在采访一家中型广告公司的高级创意总监时，发现当他谈到广告人对某个广告创意充满激情时，该公司CEO通常会让他们继续实施该广告创意。这位高级创意总监首先提到了激情，随后开始谈及对公益事业的激情："这就像，嘿，继续做下去吧。如果你也充满激情，那就继续做下去吧。"当谈到他如何组织公益工作时，他解释了在小团队中开展公益项目的工作方式：

公益让广告收益更大

因为在项目中排名第 19 位或 20 位的广告人可能对项目没什么激情,因为在团队中,他们并不是前线人员。这就是为何小团队能大获成功。

激情存在于思想中和道德事业中。激情是令人满意的工作,是获得公益活动所有权的能力。不过,从模糊性角度来看,这是对某一广告创意的激情,对某一事业的激情。在大型广告公司团队中,大家是对公益事业充满激情(参与公益项目的人数越少,参与人员对项目的所有权就越多),对创意充满激情(参与人数多会稀释对创意的激情),对道德事业充满激情(参与人数多时广告人提出的善可能会受到阻碍)。

一个大型广告公司的经理人在访谈中谈到了自己的工作,谈到了如何看待自己在致力于鼓励美国器官捐赠的公益组织"捐赠生命"(Donate Life)的工作,他在不同的善之间徘徊着:

我的秘诀是,在广告公司时广告服务由我全权负责,在负责"捐赠生命"公益组织的网站时也主要由我负责,每个参与其中的人都充满了激情。前者是商业激情,后者是个人激情。我认为激情是推动成功的重要因素。我认为无偿广告服务不同于商业广告服务的唯一一点在于,无偿广告没有报酬。

第六章
善的引导：工作界限，善之桥梁

这位经理似乎能区分出"个人"激情和"商业"激情。个人激情已变得模糊不清——个人激情是出于道德，还是仅为了享受工作，这仍是个悬而未决的问题——但个人激情和商业激情之间仍存在区别。然而，他同时也淡化了个人激情和商业激情之间的区别，模糊了两者间的界限。激情是经理人成功策划广告活动的重要驱动力，而公益广告和商业广告间的差异似乎只在于公益广告是无偿的。

另一个关于激情模糊性的例子是，一位广告创意人在访谈中反复谈到了对公益工作的激情。她谈到了弗格森骚乱[①]和结构性种族主义，谈到了自己如何开始读作家塔那西斯·科茨（Ta-Nehisi Coates）和杰拉尼·科布（Jelani Cobb）描写的关于黑人在美国的生活。换句话说，道德语言在此次访谈中至关重要。在此背景下，我们询问了这位广告创意人，让她谈谈该公益作品的意义是什么，她说：

> 显而易见，广告的主题很重要。我觉得对于很多事情，甚至对于广告总体而言，我所喜欢的是持续沉浸于全新世界中。在公益项目中，我了解了世界的现状，遇到了很多充满激情的人，对未来持乐观态度的人，融入这个团体感觉真的

[①] 2014年8月9日，美国密苏里州弗格森镇，非洲裔美国青年迈克尔·布朗（Michael Brown）在没有携带武器的情况下遭遇白人警察达伦·威尔逊（Darren Wilson）枪击身亡。这一惨剧随即引发了当地大规模抗议活动。——译者注

> 公益让广告收益更大

不错。而当我服务于某些商业品牌时，这样的感觉偶尔会产生。例如当我为大通银行提供服务时，由于我不太懂金融，我当时感觉自己"突然融入了金融的世界，我应该学点什么东西了"。所以我基本上可以持续进入新领域，这种感觉真不错。

在谈论结构性种族主义时，这位受访者把话题转向新话题，详述了她为一家大银行提供服务时的工作经验。她详细讲述了工作的过程。尽管受访者的谈论方式不同，但不论是谈论大通银行的受访者，还是谈论基督教青年会的受访者在采访中都充满激情。两位受访者有着各自独特的激情。当受访者谈到是什么让她的工作变得有意义时，她的叙述变得模糊起来。这一刻她忘记最初的问题，激情的核心是冗长又简略的陈述。这种模糊性让广告人的谈话得以在不同的善之间转换，模糊了善之间的区别。这些转变并不一定是战略性转变或有意识的转变。

我们展示了激情作为一个叙事节点的模糊性，让广告人和经理人可以在善之间转换，可以模糊善之间的区别。在协商不同善的集体行为中，模糊性位于核心位置：激情如何随着时间推移发生变化，以及激情如何塑造经理人、广告人和他们与客户的工作方式。

激情是一种高度个人化和情绪化的投资，激情是波动的。有时在广告工作中会产生激情。当广告包含道德使命时，广告人往往会对此项目更有激情。然而，激情的波动也有另一面。就像广告人可以对某一事业产生激情，也会在工作中失去激情。正如一

第六章
善的引导：工作界限，善之桥梁

位 CEO 所解释：

> 有这样一位非常难以相处的公益组织客户，在工作过程中，我们彼此会厌倦，而且工作没有任何进展。于是我和该公益组织开诚布公地谈了一次，我说："我觉得我们的合作可以到此为止了。工作毫无进展，这样的现状并不是我们的初衷，我认为你们需要与对该项目充满激情的广告公司进行合作，但我们现在已经失去了激情。"所以，我们要结束这个项目，继续前进。

至少正如这位 CEO 所说，激情的消失确实可以让广告公司退出项目变得合情合理。广告人的激情不再与广告项目的道德重要性相关。事实上，在此次采访中，该 CEO 甚至没有告诉我们，该公益组织具体做了什么让他们不再有激情。相反，他谈到从事公益项目的原因是员工对该项目充满激情，当工作不再令人满意时，人们对公益项目的激情也就消失了。

本章小结

本章回顾了广告人在处理不同善之间潜在的矛盾关系的两种方式。首先，广告人在工作中划分了善的边界，进行污名化转

> 公益让广告收益更大

移。当善之间的关系社会化时，就会出现某些戏剧化的案例，该过程如果超出了广告界领域，就会以比如本书中的"I Sea"应用程序所采取的方式处理问题。划分善的边界也出现在更多的采访中，比如，一些小型广告公司的受访者指出他们不像大型广告公司里工作的"混蛋"那样追名逐利，或者不像那些含糊其词、敢作不敢当的广告人那样，这些受访者承认自己既为创意自由，又为奖项而接受公益工作。当广告人谈论他们不是哪种人，他们不会怎么做时，就会出现这种引导善的方式。其次，考虑善的行为者是如何构建和维护边界的问题一直都很重要。本书见证了行为者在谈论他们所做之事时，如何在善之间抉择。在此情况下，充满激情的语言成为连接不同观点的桥梁。再回到多神论的比喻，激情是常见供品，一种模块化的语言，得以让人模糊善之间的差异和善之间的过渡。

然而，即使受访者运用了修辞，至少在某些时候，仍会存在一些让人不舒服的事情。正如Mother广告公司的执行创意总监约瑟夫·富内格拉（José Funegra）曾言简意赅地说过：

> 老实说，广告业现在所处的位置非常奇怪。显然，如果我去参加颁奖典礼，我可能会看到广告人所付出的一切努力，看到一切为公益组织所做的努力，于是，我们也算是以这种方式拯救了世界，对吗？

第六章
善的引导：工作界限，善之桥梁

  这样的反问句是一种存在主义的提醒：是公益活动结束后，挥洒激情后，产生的尖锐怀疑。如果所有公益活动都是为了让世界更美好，那我们何时才能拯救世界？这就指向了证据和有效性的问题，而我们现在要关注的是广告的作用。

第七章

善的评价：广告的衡量

公益让广告收益更大

在广告公司工作一段时间，你会听到各种各样的衡量标准：关键绩效指标（KPI）、投资回报率（ROI）、转化率和 AB 测试等。广告作为一种商业形式，总会受到如何衡量的困扰。任何需要衡量的东西都无法一目了然。广告人如何了解其广告是否对消费者购买习惯产生了作用？广告与消费者习惯之间一直存在矛盾关系，在两者之间随便建立因果关系是一件令人头疼的事情。广告与消费者间的关系在很大程度上属于想象范围——他们之间可能存在联系。

数字广告的到来让广告可以追踪消费者，从人们看到广告时点击的那一刻直到消费者下单的那一刻，都可以被追踪和记录。然而，即使在美丽新世界，对广告的衡量既昂贵，还不一定正确。当今，人们拥有多样的设备，随着周边环境变化，人们受到各种广告的狂轰滥炸，所以想确定广告塑造消费者行为的程度从来不是一件易事。此外，广告公司和企业想捕捉更为抽象的参数，比如，品牌曝光度、消费者习惯，以及消费者不停变化的态度与购买意愿。总而言之，对广告的衡量一直都是广告界的持续挑战，广告界一直存在各种设备和测试用于让广告人的工作以数字的形式显现出来。

正如社会学家艾米丽·巴曼（Emily Barman）所说的那样，这种衡量方法"属于一种正式的衡量手段，测量者可通过该方法衡量一个实体或行动者在某种情况下的价值"。该方法通过给商品赋值来计算行为。

第七章
善的评价：广告的衡量

广告界普遍受到广告效果问题的困扰，那如何衡量公益广告的效果呢？尽管大多数受访者无须关心公益广告的效果，但60%的受访者在访谈过程中自发地提起了公益广告效果的衡量问题。这包括一系列的问题：公益广告有用吗？如果公益广告发挥了作用，但作用有限，那么广告人如何确定公益广告发挥了多少作用？不同的善、善之间的相互冲突、善的模糊界限如何在衡量广告效果方面发挥作用？这些问题的答案不止一个。广告不一定必须接受衡量，一些广告人对广告效果的衡量毫无兴趣，他们把证明广告有效一事抛之脑后或不屑一顾。

为了解如何衡量广告效果，本书将从一个案例开始，在此案例中，广告发挥了巨大的作用。在理想情况下，成功的广告具有诱惑性，并可以匹配本书所关注的善。以下案例可以阐明如何衡量公益广告。

"全世界最英雄的混蛋"公益广告

"全世界最英雄的混蛋"（The World's Biggest Asshole）公益广告旨在鼓励千禧一代，尤其是千禧一代男性，参与器官捐赠。这段广告讲述了一个名为斯威尼（Sweeney）的人，生前做了些"混蛋"事情，但他通过捐赠器官拯救了其他生命。尽管参与器官捐赠的年轻人占比一直很低，但该广告却大获成功，广告一经

公益让广告收益更大

播出，器官捐赠注册者数量剧增。该广告还获得了广告大奖，其中包括褒奖广告传播效力的大奖艾菲奖，该广告同时成为成功的营销范例。"全世界最英雄的混蛋"公益广告由麦肯世界集团旗下的马丁广告公司（The Martin Agency）负责。马丁广告公司负责美国知名汽车保险公司 Geico 的广告活动，Geico 公司的壁虎商标被广泛认为是广告界近年来最成功的广告之一。

与许多公益广告一样，"全世界最英雄的混蛋"公益广告是通过个人的人脉和公益活动的使命感而产生的。克里斯·芒福德（Chris Mumford）当时是马丁广告公司的客户主管，后来成为该公司总裁。芒福德的哥哥当时患有心脏病，需进行心脏移植手术。在经过一段时间的等待后，芒福德的哥哥成功接受手术，但后来死于术后并发症。芒福德在经历这一悲伤后，与一个名为"在美国，为生命，而捐赠"（Donate Life America）的公益组织建立合作关系，该公益组织主席兼 CEO 大卫·弗莱明（David Fleming）听说这一故事后，询问芒福德和马丁广告公司是否可以在器官捐献方面对该公益组织给予帮助。芒福德说：

> 这个公益组织找到我，说："你愿意考虑与我们进行合作吗？"我说："我不知道我们该如何合作，但是我们肯定要合作。"通过我哥哥的这段经历，我意识到器官移植多么艰难，就算移植成功，让器官正常发挥作用仍然很难。当我对"在美国，为生命，而捐赠"公益组织了解增多时，我意

第七章
善的评价：广告的衡量

识到，我们也许可以找到方法帮助人们。这也就是我们开始合作的时刻。弗莱明曾通过我哥哥的故事找到我，我们成为朋友。我们花了整整一年半的时间才弄清楚我们要合作的内容。

芒福德随即投入器官捐赠和公益组织所面临的问题中，他开始摸索可以前进的道路。可以预料的是，前进的道路上有着各种各样的善的纠结与冲突：

> 作为一家公司，我们做的很多公益工作都是出于热情。我们通常会寻找比较特别的工作，当然，也会做前无古人的广告工作和可以得到认可的广告工作。"在美国，为生命，而捐赠"公益组织符合以上三种情况。显然，该公益工作是我的激情所在，所以我在公司内部推动这项工作。弗莱明似乎也是理想的合作伙伴，他成为该公益活动的一个加分项。该事业不仅特殊，而且，我认为可以借此做出有影响力的事情。如果你只是想筹集一大笔钱，那还有其他事等着你做。你不一定能立即见证所做之事产生的影响。在该公益活动中，每一个注册并成为器官捐赠者的人最终都会产生影响，拯救生命。从该角度而谈，这项事业令人兴奋非常。

有三种善：道德感、被认可和令人跃跃欲试的劳动过程，在

> 公益让广告收益更大

该公益活动中是一致的。激情以个人目标和道德追求两种形式存在。用芒福德的话说，该公益活动的目标"相当振奋人心"。如果成功的衡量标准是器官捐献注册人数，而每个注册者都有可能拯救一条生命，那么该广告非常成功。

  这是一项针对性很强的公益活动。该活动并未试图从抽象意义上鼓励器官捐赠，而是将目标瞄准千禧一代，当时的千禧一代包括了20多岁和30多岁的这一代人。根据"在美国，为生命，而捐赠"公益组织在广告拍摄之前的数据，该年龄段捐赠者在器官捐赠登记中所占比例偏低。为了抓住千禧一代这一特殊群体，马丁广告公司的创意团队专门使用了黑色幽默。受之前以黑色幽默探讨死亡的广告以及乔恩·斯图尔特（Jon Stewart）等媒体人物的启发，该公司创意团队想出了这个"全世界最英雄的混蛋"的广告创意。该广告时长两分钟，广告脚本为马丁广告公司所撰写，由弗林德（Furlined）操刀拍摄。广告内容就是跟踪一个"混蛋"的脚步，记录下他的一天。他把一瓶尿扔出车外、朝狗狗发射彩弹、递给孩子一根烟，这通常都是很"混蛋"的事情。广告中，当这个"混蛋"与一名女服务员争论打折餐中是否包括额外的薯条时，他突发动脉瘤破裂当场死亡。后来，这名女服务员发现了一些"完全出乎意料"的事情：这个"混蛋"是个器官捐赠注册者。"混蛋"死后成为了英雄。观众看到，"混蛋"的器官捐献给了不同的人，"混蛋"虽死，但是他拯救了这些人的生命。广告结束，并突出几个大字："即使是混蛋，也可以救人"。

第七章
善的评价：广告的衡量

广告视频本身非常成功，除此之外，还塑造了一个令人难忘的幽默形象："混蛋"主角。

该公益广告大获成功，但弗莱明显然是费了一番功夫才说服"在美国，为生命，而捐赠"公益组织的董事会通过该广告。芒福德说，该广告被《滑稽还是死亡》（*Funny or Die*）等网络和电视节目所转载，网络讽刺报纸《洋葱报》（*The Onion*）还采访了马丁广告公司。与本书概述的许多其他成功广告一样，尽管没有支付媒体的宣传费用，该公益广告还是"大火"了一番。但该公益广告所发挥的作用不止于此。当《福布斯》（*Forbes*）杂志的一名记者问及"这部广告片效果"时，马丁广告公司客户管理团队的科里·凯勒（Cori Kaylor）指出：

> 这段公益视频在两周内就在全球获得了 6000 万的点击量，除此之外，该公益短片发挥作用，带来改变。在广告片播出之前，"在美国，为生命，而捐赠"公益组织每天注册捐献者为 149 人。广告片播出两周后，该公益组织（每天）的平均注册人数达 1040 人，同比增长 698%。在广告片播出之前，20~34 岁注册人数占注册总人数的 22%，目前该群体占比为 52%。最为重要的统计数据为，20~34 岁的男性在公益广告播出前只占男性登记人数的 26%，现已达男性登记人数的 56%。

公益让广告收益更大

在这一连串数字中有很多内容需要解析。首先是衡量广告效果最简单的方法，也是通常会遭受怀疑的部分，就是社交媒体评论。社交媒体评论属于最简单的衡量标准，因为社交媒体可以记录浏览量，而广告公司无须投入任何资金或精力和社交媒体合作。广告浏览次数也可衡量广告价值，浏览次数可反映广告活动的传播范围和传播质量。然而，广告浏览次数只是起点，更关键的在于注册人数和不同年龄组在注册者中所占百分比。

马丁广告公司能够如此详细地报告公益广告的影响，表明该公司与"在美国，为生命，而捐赠"公益组织合作紧密。在该公益广告播出前一年，该公益组织已创建了全美注册体系，让捐献者可以跨越不同州进行注册。事实上，马丁广告公司花了一段时间，才让"在美国，为生命，而捐献"公益组织在全美范围运行起捐献者注册活动，然后才播出广告，这样才能做成"成气候，有规模的事情"，因为一个州一个州地推行非常困难。全美注册制度创造了新机会，也成为全新的、更直接的广告衡量标准。虽然广告效果衡量与社交媒体有关，但用户注册量也是衡量广告的一个标准，同时可帮助追踪社交媒体用户的参与度，是对广告预期效果的衡量。注册用户数量还是对广告效果立竿见影的衡量方式。芒福德描述道：

你希望该公益广告有影响力，你想衡量广告效果，这些是你致力于该公益项目的重要因素。公益项目外有许多东

第七章
善的评价：广告的衡量

西，你要明白……广告公司可以制作广告，然后播出广告，你甚至不知道其中什么是真实的，会产生什么真实影响。因此，当你有机会每天都可以追踪一些内容，看看有什么成果时，这些都是非常令人兴奋的事情。

这种即时性的广告效果本身充满诱惑，而且在广告工作中，即时性的效果很罕见。该公益广告不仅有效果，而且该效果可以被实时跟踪。看到数字的变化，"每天确实可以追踪一些数据"，这种兴奋感发自内心。

这不仅是客户或广告公司管理人的谈论内容。在我们对负责此次公益活动的创意总监韦德·阿尔杰（Wade Alger）的采访中，衡量广告效果再次成为访谈的首要内容。他罗列出了一些统计数据：

> 广告播出一天后，该器官捐献公益组织的注册人数从每日149人增加到每日1022人，达到587%的增长率。因此，公益广告不仅在某种意义上起了作用，我们还希望，这是一次伟大的沟通，这让我们广告公司引以为傲。

正如芒福德的叙述一样，不同善之间的关系凸显了出来。该公益广告不仅是芒福德和广告公司可以引以为傲的工作，获得可以引以为傲的广告大奖（该公益广告确实获得了广告大奖），而

公益让广告收益更大

且还实际有效地实现了该公益组织的目标。

而对于客户经理来说，广告片大热只是衡量广告效果的众多标准之一，从创意的角度来看，在没有通过支付媒体播出费用的情况下，这段广告片段就可以迅速走红，这一点具有特殊重要性。这不仅是"低价"做广告这么简单。阿尔杰的话具说服力：

> 事实上，广告帮到了弗莱明，也让该器官捐献公益组织的注册人数增加起来，这对我而言，是真正值得一做的事情，我真正做了些有用的工作。我们的注册人数增加了！你能明白吗？当你负责类似汽车保险公司 Geico 的广告时，广告工作很容易，你可以挥金如土，广告当然会发挥作用。但当广告背后没有大金主时，广告还能发挥作用，这样的感觉就非常棒了。

当阿尔杰说到"我们的注册人数增加了"时，意义重大。我们注意到，公益工作往往证明了广告活动主角的模糊化，这给了广告人机会，让他们成为道德能动者。更重要的是，该广告活动不用砸重金也能获得成功。这项公益广告在没有花钱请媒体宣传的情况下就广为人知，换句话说，广告作品大火证明了其自身质量，广告的热度不是由广告作品在媒体报道的位置所证明的，而是由广告作品的质量推动了广告的成功。

当然，并不是所有广告活动都像"全世界最英雄的混蛋"公

第七章
善的评价：广告的衡量

益广告那样可以大获成功，然而，我们在不同的成功案例中发现了相似的部分：即时性、广为传播的能力、广告作品的衡量标准和广告价值之间的关系，以及广告作品的衡量标准指向了不同的善，有时广告作品模糊善，有时让善之间彼此冲突。

用量化方法衡量广告效果

全世界充满了量化方法：从预测算法到机器学习和大数据，量化无处不在。用量化工具衡量广告效果有时比广告本身更为重要。这种见解并不新鲜。意义导向是从马克斯·韦伯的现代性运动的经典概念中发展出来的，意义导向具备合理性，实现意义的手段方法是神圣的。从泰德·波特（Ted Porter）和阿兰·德罗西埃斯（Alain Desrosières）等学者的研究发展而来的衡量方法，强调了全新的量化世界。由此产生的研究热潮包括统计学和人口学的兴起，对个体进行量化以及普遍存在的"对数字的信任"。这些概念定义着现代世界（在更大程度上，定义的是后现代世界）。在文献中，衡量标准、数字和排名从某种事物的象征变成了独立事物。例如，社会学和管理学的大量研究表明，排名是定义公司使命的方式，排名成为公司的目的，而不再专注于排名最初计划衡量的事物。

广告展现了量化时代的兴起。广告有经济目的：促进销量，

> 公益让广告收益更大

因此广告的有效性非常重要。经济交易是可以量化的工作，比如最基本的"物物交换"形式。广告的效果贯穿广告活动始终。广告公司通过大数据分析消费者，大数据在广告规划阶段的重要性不断增加，谷歌分析（Google Analytics）等软件成为客户规划师和广告公司内部分析团队必不可少的工具。广告效果的衡量是广告人工作范围内的事情，衡量广告效果是一种职业习惯。

然而，公益广告的衡量尤为复杂。虽然衡量可以为善赋予价值，但衡量并不能决定什么是善。善是衡量公益广告成功的主要指标吗？善可以衡量成功的公益广告中创造性工作的质量吗？如果道德是根据行为结果来定义的，那么某一特定广告活动能否产生可以被衡量的事物就成为道德成就的一个指标。然而，要理解道德和其他的善是如何与广告效果纠缠在一起的，就必须首先理解如何衡量公益工作。

量化对于广告效果的衡量是重要的，正如社会学家乔治·齐梅尔（Georg Simmel）指出，把性质转化为数字充满了吸引力。对齐梅尔而言，将不同的性质转化为纯粹的数字是商品经济和现代化的主要成就之一。正是数字的抽象性让金钱如此引人注目。传播学学者凯特琳·彼得（Caitlin Peter）在网络新闻中展示了数字和指标如何引人注目。在她的研究中，媒体记者们为数字的涨跌所着迷。他们的分析把数字变成了新闻价值的标志，变成令人上瘾的游戏。无论是社交媒体的点赞和转发，还是网页访问者的数量，数字本身成了商品。换句话说，广告充满了诱惑力。

第七章
善的评价：广告的衡量

衡量的诱惑：规模与节奏

尽管本书列举的很多公益活动是广告公司为大型公益组织开展的广告服务，例如救助儿童会（Save the Children）、联合国艾滋病规划署（UNAIDS）和克林顿基金会（Clinton Foundation）等，但公益工作通常是为预算有限的小型公益组织开展的。公益广告效果的衡量与商业广告不同。在商业广告中，广告要对品牌销量产生明显影响，但做到这一点非常困难，一年中1%或2%的销售额变化对任何广告公司而言都是巨大成就。而为公益组织服务是一种独特体验。广告人可以在公益工作中发挥巨大作用。回想马丁广告公司列出的数字：器官捐赠注册人数在几天内增长了587%，两周后增长了698%。广告人对这些数字变化的兴奋感显而易见。不过数字增长不仅是广告活动成功的产物，也是公益组织扩大规模的成果，从几百个注册者开始计算，获得698%的增长也相对容易。

当广告人在访谈中谈到广告效果的衡量标准时，会反复提及增长幅度。在很多情况下，受访者一提到数字增长就会变得活跃起来。举个例子，一位广告创意人在谈到为一个青年剧团所做的工作时，称：

> 他们（青年剧团）在我们的工作结束后，票房收入实现了200%或300%的增长。突然之间，该剧团得到了更多媒

公益让广告收益更大

体的关注,名声大噪。所以,重塑品牌对青年剧团发挥了巨大作用。

在青年戏剧界,票房收入增长300%并不算成功。我们认为,销量增长并不等于数万人买了门票。然而,对于公益组织客户和为客户服务的广告人而言,300%的增长是不可思议的数字。因此,公益组织对广告人的感激也可以从他们的衡量标准中反映出来。在讨论票房增长前,该广告创意人谈到了剧院对"重塑品牌"的反应,"该青年剧院对品牌重塑感到非常满意。"

因此,就广告人和公益客户而言,广告效果取决于相对规模的变化。随着媒体报道增多,"门票"销量好像"突然"就增加了。在许多采访中,都会出现媒体报道增多和销量增加的案例。领导了"气候变化更名"公益活动的一位广告创意人称:

> 实际上,我们当时有一份请愿书(申请将飓风名改为那些否认气候变化的政客姓名)。我们估计会有一万人左右签名。一万多个签名好像是一夜之间突然就完成了一样。

虽然广告的规模很重要,但广告的即时影响力也同样重要,广告"一夜之间发挥了作用"。效应的时效性有令人难以置信的吸引力。要明白为什么即时性如此具有诱惑力,我们需要结合广告活动的背景来说明。

第七章
善的评价：广告的衡量

广告的即时性在不同组织中大不相同。为商业客户工作时，广告人的工作常常交错进行。广告工作本身要经过多次迭代，其中包括与客户之间进行的多轮探讨。即使某一广告活动获得了批准，也需要很长时间才可衡量广告效果。广告的推广需要时间，广告活动的效果通常只能在很久之后才能体现。广告活动的影响涉及未来。虽然广告界变化迅速，工作节奏极快，但广告界的工作回报很慢。

与商业广告交错的工作节奏相比，公益广告则大不相同。在Interbrand广告公司工作的一位广告创意人曾为一家名为"蝴蝶之家"（Butterfly Home）的公益组织工作过，该组织为2015年尼泊尔地震中受影响的妇女和孩子们提供住宿和援助，他说道：

> 我们（广告创意人员）几乎没什么广告创意了。这并不是因为"蝴蝶之家"公益组织的广告工作本身很枯燥，而是因为该公益广告成为一项巨大的挑战。我们一共用了六个月的工作时间，为"蝴蝶之家"公益组织提供广告服务时，我们在周五收到要求，下周一之前就必须完成。你还没来得及想，就要毫不犹豫地把作品挂在墙上，在六个月的时间里，你要不断改进作品。但你只是在破坏作品而已。"作品可以了吗？很糟糕吗？看起来还不错。那就动起来吧！与客户对接确认一下。好吧，就这样吧。"整个流程差不多就是这样。我可以目睹市场对我们完成作品的即时反应。在"蝴蝶之

公益让广告收益更大

家"的案例中,我们会说:"好吧,我们这周筹集了25万美元。那我们如何在下周筹到下一个25万美元?"

公益广告的整个创作过程应该是浓缩的,是一个简短而简单的过程,而不是商业广告中来回往复的过程,也就是说,如果广告创意不错,就可以实施。公益广告不是几个月才能完成的,而只需要几天时间就可完成。正是由于公益广告工作的即时性,让那些策划公益活动的广告人可以明显地"感觉良好"。

概括而言,公益工作重新校准了广告工作的时间。公益工作让广告人体验到"另类"工作节奏,"另类"广告工作需要精心策划广告活动,将广告推向世界,并评估该广告是否产生影响,产生了多大的影响。公益工作让喧闹嘈杂的广告工作过程变为充满韵律的合鸣。广告人和公益组织可以实时追踪广告活动进展情况,可以精确分析出用户统计数据。广告人体验到的不是交错的工作,而是让其作品以一种与日常广告工作不同的方式走向世界。Interbrand 广告公司的创意人在提到另一个广告活动时说:

> 设计师想知道他们的力量。他们想改变事物,他们希望自己的广告工作有意义。这听起来有点虚无缥缈,但我的意思是,设计师也想获奖,但他们更想看到人们对他们广告工作的即时反应。

第七章
善的评价：广告的衡量

这是一个有趣的对比，这位创意人把广告的即时性与道德性联系起来，他将广告的衡量转化为道德的善。至少在他的叙述中，广告的即时性所带来的满足感表明，在广告领域获得认可并非广告创意人在公益工作中所追求的唯一好处。我们接下来要讲讲广告工作的衡量和不同的善之间的关系。

衡量广告工作与道德性指标

公益活动的规模和即时性是衡量公益广告的关键因素。即使没有本书所强调的善之间的相互作用，公益工作中的衡量也很重要。广告的衡量会与不同的善交织在一起，尤其是道德与广告工作的价值交织在一起。

关于广告爆火的问题，就像"全世界最英雄的混蛋"公益广告一样，最成功的公益活动主要通过网络发起（公益活动通常只通过网络发起）。网络广告不需要过多资金支持，而购买电视广告、杂志版面或广告牌费用昂贵，对于资金短缺的公益组织来说更是如此。没有媒体资源和资金，广告团队选择制作网络广告，希望网络广告可以像病毒一样快速传播。在广告实操阶段，营销专家认为，广告要想成功，就得有"付费媒体"，即客户为发布广告付费。公益广告则相反，公益广告几乎无一例外地依赖于免费宣传——自然而然地播出，观看者自愿观看、分享和点赞。

公益让广告收益更大

以本书开头所介绍的"第一世界问题"公益广告为例,从事这项工作的广告人认为,该公益广告的爆火似乎证明了其工作的有效性。正如广告创意人弗兰克所说:

> 广告大火。油管(YouTube)视频播放软件最终获得700万的点击量,那是在2012年,并且我们没有得到任何付费媒体的支持。这是有效的数字。然后该公益广告被分享到了脸书上,获得了数百万的点击量。

弗兰克认为这不仅仅是对广告的衡量,他可以相信"有效数字"。由于这场公益活动没有强迫人们非看不可,而社交媒体和网络媒体成为其广告成果的标志,因此证明了广告工作的有效性,否则广告传播可能会遭人怀疑。

此外,尽管广告的疯狂传播证明了广告工作具有内在的创造性价值,但这并不是广告最重要的好处。相反,许多受访者将广告衡量为一种道德指数。一位广告创意人指出:

> 对于公益客户而言,你实际更关心的是广告有效性,因为广告中真正重要的事情非常急迫,这并不是说客户的要求低,而是广告更为紧迫。

广告界充满了类似案例:公益广告似乎更像是一种为获得广

第七章
善的评价：广告的衡量

告大奖而采取的策略，而不是为追求某项事业所开展的活动。广告人利用这样的广告活动作为陪衬，定义自己是道德的，那些追名逐利的人是前者的镜子，通过这面镜子可以将前者的意图相对完整地呈现出来，通过衡量可以显示出优秀的广告工作。广告人经常通过强调广告的重要性标榜自己是道德的。一家小型广告公司的 CEO 解释道：

> 我们像对待自己的事业那样对待公益事业，而不是把公益事业当作爱好。我们需要找到有效途径实现广告价值。我们不只是想要"关注度"，如果一个（商业）客户找到我们，他们唯一的目标就是提高关注度，我们会说："这不够全面，你的目标不是提高销量吗？你所从事的事业有什么意义？为什么'关注度'是衡量事业成功与否的关键参数呢？"我们想看看"你定义的成功是什么样子的？"我们还想知道"你们如何通过运作获得成功？"成功的广告不是"接触了 300 万人"，而是我们可以通过广告让公益成为现实，比如能够让一些孩子在高中通过 STEM 项目。我们希望广告背后有真实的数字（真实的人），而不仅仅是为了达到某种"关注度"。这是我们的主要标准，我认为数字教会公司员工如何坚持到底，让人们看到受我们帮助的真实的人，而不是仅仅满足于让人们听到某些事情和获得某些奖项。

> 公益让广告收益更大

对广告的仔细衡量等同于对道德的善的承诺。正如这位 CEO 所说，许多明显的指标成了问题：在线内容的浏览量、点赞数和分享数。如果某商业客户声称，他们只想要"观看量"或"关注度"，那这样的客户就会非常奇怪，商业客户肯定想要销售产品或增加市场份额。公益组织也需要有可以衡量的实际目标。公益活动的"真实的数字"和"真实的人"表明该活动是出于道德目的而开展的。如果公益广告没有帮助到真实的人，那么该广告可能只能简单地"赢得某些奖项"。换句话说，广告的衡量不仅在于衡量广告的效果，还包括衡量的东西和种类。

"正确衡量"的问题在采访中反复出现。当广告人衡量广告时，他们需要考虑广告规模的大小和广告效果的即时性，也需要把商业工作中的指标和公益工作中的指标并置在一起。在智威汤逊广告公司（J. Walter Thompson）工作的高级广告规划师乔伊迪普·戴伊（Joydeep Dey）看来，商业指标和公益指标存在鲜明的对比。他曾参与了智威汤逊公司的一项反对战争、释放反战囚犯的公益活动。他们在纽约中央车站建造了一面墙，墙上有囚犯的小照片，照片放在盒子里，盒子看起来就像牢房，牢房的铁栏杆实际上由钢笔摆放而成，就好像囚禁着这些囚犯。看到该装置的人们受到震撼，拿起钢笔来签署请愿书，就好像拆除了铁栏杆，从而象征性地释放囚犯。

在谈到这次公益活动时，戴伊总是说到参数。他谈到将释放囚犯作为"关键绩效指标"，并再次回到衡量广告效果的问题：

第七章
善的评价：广告的衡量

在活动进行过程中，有人祈祷，一种宁静感和和平感吸引着每个人。活动非常成功，神奇之处在于，尽管那天我们只得到了2000个签名，这一数字并不多，但我们以此为基础制作广告内容，并制作在线广告，开展了一场公益运动，以此获得更多请愿书，最终我们获得了53000份请愿书。那一年，我们凭借这次活动获得了戛纳狮像奖，这非常棒。商业广告通常会写下这样的指标，"该活动带来了2000万美元销售额""该活动带来了10%的销量提升"，而我们的衡量标准是释放囚犯。我们解救了一些人，我不记得具体数字了，大概是137人，或者更多的囚犯，真实的囚犯被释放了。这是一件非常值得去做的事情。

与前一个例子相反，这个例子中存在多种善，奖项和道德并不一定彼此冲突。赢得戛纳狮像奖使戴伊感到非常自豪，广告的衡量不是销售数量或市场份额，而是被释放的囚犯，这让广告得到回报，是一个"美丽的过程"。

然而，该案例也值得思考。戴伊引以为豪的广告衡量标准是被释放的囚犯，毫无疑问这是一项崇高的事业，但把释放人数作为衡量标准存在争议，而且不易分析。尽管共有137名囚犯被释放，但该人数比以往任意一年释放的囚犯数量都要多吗？国际社会认可这样的公益活动吗？考虑到错综复杂的国际外交事务，该公益活动的主张是否合理呢？一旦我们从对广告

> 公益让广告收益更大

现象的衡量转移到对广告价值的衡量，就出现了一些难以解决的问题。

没有问责制的广告衡量，不考虑结果的结果主义

对公益广告和商业广告的衡量标准是不同的。商业客户通常期望自己公司的营销部门和广告公司可以通力合作，一起更加关注广告的效果。即使广告效果远不够完美，商业客户和广告公司也会花许多精力将可衡量的指标与预期目标相匹配，从而将可衡量的指标转化为可问责的指标。也就是说，广告人精心设计广告衡量指标，并将其作为向客户展示广告工作预期效果的方式（也是向自己证明广告效果的方式）。而公益广告所衡量的目标往往更加模糊。公益组织，无论规模大小，并非总有经过深思熟虑后的可衡量指标。其中的原因是不同的，比如人权公益组织某些广告的目标是改变公众舆论，唤起公众对社会弊病的意识，但社会弊病本来就很难量化。

这意味着，公益工作的衡量指标和问责指标之间往往存在差别。有些措施可以用来衡量广告，例如在线广告活动中的点评数和分享数，但困境在于，广告衡量指标和公益组织目标之间的关系并不清晰。当然，情况并非总是如此，SS+K 创意公司的莱尼·斯特恩（Lenny Stern）说：

第七章
善的评价：广告的衡量

你真的应该探索一下广告产生的影响，我指的不是社会影响，我的意思是广告是否成功。我想有些人认为，无偿服务是为了让自己感觉良好，获得广告大奖，让公司的年轻人感觉良好。但公益组织、非营利组织、非政府组织，这些以使命为基础的组织，已经越来越像宝洁公司（消费品巨头）那样以指标驱动和量化分析为导向开展广告活动了。也就是说，这些公司知道，"如果我这么做，我能得到什么。广告能带来新的捐赠者吗？做广告就是要去筹款吗？这个广告能提高人们的素质吗？广告会影响政策吗？"

斯特恩的观点没错，我们确实需要探索"广告产生的影响"，更重要的是他对于如何衡量广告的观点。过去的公益组织可能对其想要实现的目标概念模糊，而斯特恩认为现在的公益组织对自己想达到的目标已经越来越清楚了。它们越来越清楚要使用哪些指标来衡量广告目标，公益组织逐渐变得善于分析。在"在美国，为生命，而捐赠"公益组织的案例中，广告的衡量标准从一开始就被纳入了广告中。斯特恩指出，如果没有这种可衡量的广告影响，广告创意人可能会获得广告大奖，并个人"感觉良好"，但他们可能并没有实现公益目标。

然而，斯特恩夸大了该案例：大多数公益活动并非由指标驱动。在广告人先提出一项广告活动，再寻找公益合作伙伴的情况下，任何对广告影响的衡量都在广告活动之后进行。在大多数情

公益让广告收益更大

况下,公益组织似乎对广告的衡量指标不太感兴趣,或者至少没有让广告公司提供这些指标。而公益组织在决定衡量指标的过程中要发挥至关重要的作用。

为了说明这一点,我们可以回到智威汤逊广告公司广告规划人戴伊的例子中。我们与戴伊的对话涵盖了他职业生涯中参与的不同公益项目。戴伊曾与一家美国的公益组织全国精神疾病联盟(National Alliance on Mental Illness)进行合作,当我们问他在该合作中最难忘的部分时,他回答:

> 我认为,广告的衡量非常容易。在该公益活动中,你可以在你的社交媒体中加上"我会倾听"的标签,如果我没记错的话,还可以收到一个徽章,徽章会出现在你在社交媒体"点赞"的东西上。这种方式让你将自己定位为愿意倾听的人。该公益活动迅速走红,人们对这样的方式很感兴趣,也易于参与其中。虽然我们不知道他们的谈话内容,不知道是什么类型的互动让他们行动起来,但是他们把自己的名字写出来,表示支持。这样就很好,我很高兴见证这一切的发生。

在这种情况下,广告的目标和公益组织的既定目标之间的差距似乎相当大。广告人通过社交媒体上的徽章数和点赞数衡量了该广告活动,但这样的衡量标准几乎无法说明,如果这样做有

第七章
善的评价：广告的衡量

意义的话，这些"徽章"在公益活动中如何发挥作用。人们真的会比以前更多地倾听与心理疾病进行斗争的朋友的诉说吗？广告策划人想象的对话实现了吗？还是说，参与社交媒体只是一种姿态，而人们从未付诸行动？我们根本没有办法知道。尽管如此，戴伊继续说，这些徽章让他既可以"感觉良好"，又可以作为证明道德价值的东西，"徽章是很好的谈资"。然而，这掩盖了广告衡量的标准与广告理应表达出的内容之间的差距。

广告衡量的并非主要关于某些特定的人或某些人如何看待广告人的工作。一些公益组织的广告活动可能未采用复杂的推断方法确定其广告及结果之间的关系，也就无法让其广告的有效性成为广告工作最有回报的一方面。尽管戴伊的因果逻辑存在问题，但他确实在某种意义上参与了释放 137 名囚犯的行动，这件事成为令他满意的衡量标准。受访者可以在某一时刻，对其使用的广告衡量标准和衡量方式如何与特定公益组织目标之间产生关联而感到自豪，但也会在片刻之后，就开始夸大其词了。

在其他案例中也可以看到这种言过其实的情况。在这些案例中，广告的衡量标准可能不那么具体。一位 CEO 谈到了他的广告公司正在开展一项反校园欺凌运动的工作，他们参与设计了一家公益组织的一款学生可以记录并上传校园欺凌事件的应用程序：

> 这是一个非常了不起的应用程序，由一群了不起的人运

公益让广告收益更大

营,这群人后来成了我私下的朋友。令人惊讶的是,自学校安装这个应用程序后,校园欺凌的发生率已减少了近70%。

虽然我们没有核实这一声明的真实性,但基于反欺凌应用程序可以立即减少70%的欺凌是一个很高的要求。问题不在于这位受访者是否诚实,他在介绍该公益运动时提到了令他印象深刻的数据,而这些数据可能是真的,可能不是真的,问题在于该公益组织引入了这些衡量标准,而什么是衡量指标?什么不是衡量指标?

需要注意的是,广告人扮演着文化媒介的角色,广告策划人和广告创意人都视自己为文化专家,也就是文化分析者和文化生产者,而"文化"的定义却很模糊。广告人专注于图像、叙事、想法、卖点和文化冲突,因此许多广告人将他们的职业定义为横跨"艺术和科学"的事业。在艺术和科学之间,广告的价值定位令人生疑。一位广告创意人说:

> 最棒的是,那些非广告界人士看到公益广告时开始谈论公益,这让我觉得广告起作用了。你知道,在广告界,广告的最终效果对我们来说是最重要的。公益组织并未寻求巨额捐款,它们只是想出名。我们的编辑坐在那里剪辑片段时会觉得,"哇,所有的合作伙伴都参与其中了,其中有知名人士,有专家教授,所有人都无偿参与。"

第七章
善的评价：广告的衡量

公益组织"只是想出名"，并让大众对此给予关注，是公益广告的一个衡量标准。公益广告的衡量标准无法完全确定。尽管最终的广告效果可能模糊不清，但有意义的衡量标准可以给人留下良好的印象，谈论该广告的人，尤其是名人愿意为该公益事业贡献出他们的时间和才华。

一些广告创意人将广告是艺术的观点发挥到极致，他们似乎坚决反对将文化的东西量化。他们认为自己的工作"创造了对话"或"推动了活动"，而衡量标准不是重点。我们问一位艺术总监，他为某公益客户工作时最享受什么，他说：

> 你看看某些品牌，那些品牌塑造了文化，塑造了对话。例如，在纽约的华尔街有一个女孩的雕像，这个女孩凝视着公牛的雕像。如今有成千上万的人在此拍照并发布在推特上，他们的行为改变了文化。你要明白，我们试图成为有影响力的人，或成为有影响力的事情的一部分。文化影响着一个国家、一个社会，至少影响着一些观众。不管是不是每个人都想看我们的公益广告，也不管观看者是否真的关注公益事业，你都要明白，你已经成为一件具有影响力的事情的一部分。

广告人在公益活动的两种道德目的之间摇摆不定：一种是公益广告基于自身目的产生真实的道德信念，另一种是基于公益广告行为的结果。然而，结果主义似乎并不总需要专家仔细分析结果。换句话说，结果主义没有强迫专家思考可采取的措施与广告目标之间的关系。当这些措施和广告目标之间的关系未被充分定义时（也就是说，公益组织没有试图或未能成功将采取措施和广告效果联系起来），广告人就只是肤浅的没有结果的结果主义者。公益工作具有道德说服力，因为公益工作积极影响着世界，但公益广告带来的改变是假定性的，而不是被观察到的。

本章小结

我们以巴曼对广告的衡量的定义作为本章的开始，即"作为善的测量值"。然而，如果衡量本书关于不同善的故事，广告的衡量就是一种双重变形。这种衡量不仅将善转化为数值，数值也被转化为善的指标（无论是道德参数，还是创造力参数），而善是无法被完全衡量的。

善的衡量也并非是确定性的。更有用的做法是把对善的衡量看作一组启示，提供特定的资源，以塑造广告人对于自己和其他人关于公益工作中的善的认知，并提供不同的叙述方式。对于大多数受访者——或者至少对大多数谈论广告的衡量方式的受访者来说——广告的衡量指标很诱人。不同的善的衡量方式不仅让广告人体验无偿的公益工作的快乐，而且让他们心安理得地为商业

第七章
善的评价：广告的衡量

客户进行常规宣传。

虽然一些广告人和广告公司表示，他们会主动寻找那些认真衡量广告价值的公益组织和公益项目，但本书大多数受访者并没有将此作为他们的选择标准。与第五章中所描述的管理者对善的精心策划相反（在第五章中，公益项目被视为在公司内可完成的，员工觉得有趣的，高概率会获得业界认可的以及充满道德感的事业），当管理者明确谈论如何管理公益项目时，对广告的衡量问题几乎从未出现过。

一些广告衡量措施是可行的。公益工作效果的衡量几乎都是数字化的，包括网络点赞数、分享数和评论数等现成的数据。然而，这些广告效果的衡量措施和广告预期结果之间的关系常常是"模糊的"。尽管对广告活动目标的仔细校准可能出现一些令人满意的结果，抑或什么结果都没有，但广告人仍会热情地谈论其工作对促进道德事业的影响。而这些都是无形的结果，也就是没有结果的结果主义。

第八章

善的纠结与分离

公益让广告收益更大

当镜头聚焦在传送带上轻轻飘落的大量多力多滋（Doritos，百事公司旗下品牌）薯片时，GS&P广告公司（Goodby, Silverstein & Partners）联合创始人里奇·西尔弗斯坦（Rich Silverstein）说："一个品牌应该有社会良知。"在一个漂亮的慢动作镜头中，出现了一团熟悉的三角形薯片，可以注意到这些薯片颜色鲜艳、五彩缤纷。西尔弗斯坦解释说，"我们品牌针对特定的群体做了彩虹薯片。把社会评论带入广告品牌，是广告业的变化，这是件大事。"

西尔弗斯坦提到的"社会评论"已成为当代品牌广告的重要组成部分，"社会评论"的重要性让GS&P广告公司在自己的网站上制作了"做善事"的标签页。该标签页的标题是这样一句话，"有时候，好的广告也是善事"。如今，美国休闲零食公司菲多利（Frito-Lay，百事公司旗下公司）通过支持特殊群体，吸引更多薯片消费者，以此提高销量，而GS&P的广告通过提高特殊群体曝光度，提高人们的接受度，以此落实本书所描述过的二级企业社会责任。

虽然多力多滋品牌不是广告公司无偿服务的客户，但GS&P广告公司将多力多滋品牌与特殊群体的自豪感联系在一起，这一举动代表了广泛存在于广告业的一大转变。商业客户以广告形式开始了企业社会责任工作，企业为各种公益组织提供无偿服务，增加曝光度也是一种企业社会责任。正如多力多滋品牌的例子所示，这些企业的社会责任工作不仅推动了广告发生重大转变，也回应了对广告界追逐名利的批评。企业的社会责任已经被公司吸

第八章
善的纠结与分离

收,并转向公司内部。"以广告为善"并不是公司不愿意做的事,公司发现公益广告有意义,并相信公益广告实际上会以各种各样的方式帮助公司树立底线。正如这句话所说,"先做善事,再得成功。"

"善"的含义包含了很多,追寻善的含义一直是本书的核心。在公益工作中,善的字面意思就是"公益性的公共服务",同时也代表了行善和做"优秀工作"等其他一系列含义。公益工作包括"优秀工作"中固有的存在之善,而优秀工作本身是混合体,其中包含了创作自由、对劳动过程的控制以及与公益客户和其使命接受者之间的馈赠关系。"优秀工作"包括能动者及能动者在其领域内的工作奉献以及这种奉献所带来的认可和事业。对于管理者而言,"优秀工作"包括公司的善行,而公司的善行帮助公司招聘和留住人才,同时也为广告人提供培训场所,让广告人能够在广告界崭露头角。

这些不同善之间的关系为经理人和广告人带来不同的引领模式。经理人起谋篇布局的关键作用,除了关注公司经济收益,还需要预测公司广告人的反应。经理人考虑到这些潜在冲突后,只允许那些在不同善之间可以顺利匹配的公益活动进入广告公司。虽然经理人的工作至关重要,但他并不能解决所有善之间潜在的冲突关系。在本书采访中,广告人依靠一系列不同的叙事技巧,消除善纠结在一起形成的冲突关系。广告人通过分析善的边界来消除善的冲突关系,并列举了一些追名逐利的广告公司和广告活动，以此来消除善之间的冲突，在这些广告公司和广告活动中，善之间对比鲜明。广告人还通过依赖充满"激情"的语言，更为含蓄地消除了善之间的冲突，在众多善间找到支点。正如本书所示，激情让广告人得以在不同的善的叙述间无缝切换。

本书展示了广告的有效性问题如何渗透到善的问题中。公益工作的部分吸引力恰恰在于对广告效果的衡量。无论是从广告的即时性而言，还是从广告的影响规模而言，与广告人为大公司客户所做的大部分工作相比，公益工作为广告人提供了更为具体的"广告效果"。然而，广告效果预测和广告实际结果之间的关系往往含糊不清，最多是一种模糊的结果主义。公益工作中不同的善和广告有效性既存在契合又存在冲突。

我们认为，公益广告存在善的泛滥和善的语法相互纠结的问题。从这个意义上说，本书试图思考如何有效地将多种善的语法和概念相互融合、使其合理，并进行研究。关注这些善的纠结也让本书得以更广泛了解到企业社会责任的实际运作过程。从跨国能源公司到大型银行，从广告公司到制药公司，公益活动好像轻松地占据了资本主义核心。而对于从事公益工作的广告人而言，这样的公益工作意义是什么？理解公益工作中善之间的关系有助于理解这些项目被接纳并引起公众注意时会发生什么，以及公益项目进入公众视野时，善的概念是如何发生转变的。

我们提出了比较方法和分析方法，通过公益广告得以让我们重新审视这些问题。

第八章
善的纠结与分离

善的语法，关联结构和层次分析

本书提出了一种新的理解方式，不同的善的语法在特定社会语境中存在融合与冲突。善的语法包括对善的叙述方式、表达方式，也包括对善的定义和善的意义与概念，还包括讲述善时所用的言辞和词语。我们重新审视这个观点，并详细说明本书所提出的理论如何在数据中看到新事物，以及如何在其他案例中看到新问题。

我们的出发点是，思考不同的善是有用的，与其说善是文化乐章中的元素，不如说善是可用的语法。将文化社会学中广泛的运动结合起来理解：善的聚集才会带来意义，善的元素间存在隐含意义。举个例子，如果我们要使用道德的善这一概念和语法，那我们还需要使用特定的叙述方式，或者以某种方式解释该概念。这一点正如弗里德兰和泰维诺所提到的，公益工作可以推动职业生涯的发展，这既因为善具有道德性结构，也因为善被包含在特定的组织结构内。善的语法可以被认为是多样的和主观的，善的语法不仅存在于能动者中，还存在于公司机构中、组织中，甚至媒体广告人给出的物质支持中（例如，社交媒体的分享和点赞）。

但这并不意味着，融合不同的善的语法肯定会非常困难，或者在某种程度上这些善之间并不相通，或善之间并不一致。我们认为，这样的观点体现了抽象学术的纯粹主义，其观点价值有

公益让广告收益更大

限。毕竟，当广告人将其道德立场转向结果主义时，道德和广告大奖可以共存。然而，善的真正含义需要将善的融合与冲突，纯粹与模糊一同视为意义。

善的融合与冲突，纯粹与模糊，都是实实在在的成就。正因为本书从实际行动开始讨论，所以不能假定善之间一定存在冲突。回到本书所提供的案例，很难从案例中挑选出哪些是优秀工作（就广告人与其劳动之间的存在关系而言），也很难分析出这些工作在奖项和行业中得到的认可。毕竟，如果广告作品足够优秀，难道不应该获奖吗？同样，在某些情况下，道德的善与"善"几乎是同义词。在其他情况下，优秀工作和道德之间可能会存在冲突，在某些关键时刻，可以获奖的浮华广告作品被认为是糟糕作品的标志，是道德败坏的指标。无论从方法论立场出发，还是从理论立场而言，本书认为文化社会学需要对不同善的"自然状态"持不可知论的态度。

我们必须进一步理解韦伯关于价值多神论的比喻。弗里德兰在构建他的"宗教制度主义"时，将多神论引向了一个更加神秘的方向。弗里德兰试图揭示潜藏在不同善之下的不同"物质"，以及这些物质如何充当亚里士多德的"五大元素"，吸引行动者向不同方向前进。而本书远没有弗里德兰那么坚定：本书所描述的行动者并不是弗里德兰笔下的那种宗教大师，对那些大师来说，这个世界充满了激情的选择和无法抑制的吸引力，而对普通人来说，虽然人们有承诺的时刻，但他们通常是在普通的生活中

第八章
善的纠结与分离

跌跌撞撞的多神论者。在韦伯所提出的多神论比喻中，价值的多神论追赶着我们，决定我们选择追随哪一个神，满足其需要。正如韦伯所说，众神"努力获得控制人们生活的权力，众神再次开始了彼此之间的永恒斗争。"而我们认为韦伯在此处混淆了自己的比喻，正如韦伯在其宗教研究中的深刻见解，永恒斗争并不能完全概括多神论，因为多神论还认为，在不同的领域的神有时会发生冲突，有时会默契合作，有时这些神还会坠入爱河，生下小神灵。多神论的神之间几乎不存在永恒的内在冲突，而永恒斗争是一神论的主要特征。

将多神论的比喻应用到善中，更开放地思考众"善"之间的关系。善的每一种语法都不统一，也不简单。正如加布里埃尔·阿本德所展示的（任何研究元伦理学的哲学家都非常清楚他），"道德善良"可以有很多不同的含义。有许多不同的方式可以定义"善"，每一种方式都有自己的逻辑。这些都属于某种意义上的"道德"，也就是用明显充满感情的方式在不同的情况下定义道德能动者的自我，道德能动者所做之事在不同背景下的假设。本书的受访者叙述了道德的善的不同概念。再回顾多神论的比喻，神通常具有多面。对一种善的描述与另一种善发生冲突时，另一种善与第三种善可能不会有冲突。就此意义而言，善的语法和概念是"极其复杂"的。

本书以更开放的方式思考善之间的关系，任何"举动"都可能极度模糊不清。把充满激情的语言讨论看作模糊不清的语法。

这样的叙事策略能够有效地跨越不同的善，模糊善之间的区别。同样，与讲述多神论的神话一样，不同的善所在的领域可能会出现重叠。虽然我们识别出了关于不同的善的语法，但在有些情况下，善的语法之间会纠结缠绕，以至于行善者很难解析出各种善，而在其他情况下，善会被放在彼此冲突的轨迹上。善没有纯粹的定义，只有情境化的、实际发生的纠结与分离。

在不同情境下，善之间进行互动，成为善的语法的重要组成部分，但这一点也是社会学还未深入思考的问题。最初关注情境互动情况时，互动主义者提出了两个重要观点，但在半个多世纪后，这两个观点仍被人忽视：（1）情境互动中从根本而言，存在着创造性潜能，不能完全由道德能动者的过去和结构背景进行解释；（2）社会中发生的很多事情无法在道德能动者的头脑中进行分析和决策，而是在能动者遇到问题后，对实际解决方案进行模式化、概念化归因。

然而，互动主义者并没有将情境结构理论化，而是将情境结构视为行为发生的时刻。我们认为，在一定程度上，这些想法阻碍了思考善之间相互关联的模式。虽然许多文化社会学家对善被调用和善的实际运用情况能够区别对待，但一些文化社会学家也以一种一维的方式对待善的调动，即行善是在时间和空间中的某个时刻。

情境结构很复杂，同样的情况可以通过不同的角度观察。为公益客户服务既是实际工作，同时也是超越当下的自我定义。为

第八章
善的纠结与分离

公益客户服务可以延伸到职业发展的未来，也就是塑造职业生涯，可以在该领域获得认可，这一点让广告公司商业工作或多或少变得可以容忍，或多或少是光荣的。这些不同方面可看作是情境的不同层面，在理论方面更精确地说，把情境的不同方面看作相互关联的重叠结构，由情境作为其联系。

我们借鉴了现象学创始人阿尔弗雷德·舒茨①（Alfred Schutz）的思想，他认为，关联结构是理解情境、对象和其他特别类型的基本方式——他称之为"类型化"。关联结构既是文化赋予的，也由实际行动中的情境所产生。我们以特定的方式看待事物，学会将某些方面视为相关方面。例如，我们看待的是个人穿着和其社会阶层之间所建立的直接关系，而不是个人身高和社会阶层之间的关系。根据实际情况不同，会出现不同看法。从实用主义思想和韦伯的社会学中，舒茨认为，类型化不仅取决于其他情境在经验结构中的"沉淀"，还取决于能动者从事的特定事项，也就是能动者试图做的事情，以及能动者所嵌入的环境会让身在其中的人对事项是选择顺从还是抗拒。

---

① 阿尔弗雷德·舒茨：奥地利裔美国哲学家、社会学家、现象学家。舒茨反对实证主义社会学把"社会世界"与"自然世界"等同和按照自然科学模式研究社会现象及其过程的做法。他关注社会学研究中的主观因素，认为社会学研究的出发点不是实证主义所说的"社会事实"，而是社会事实的意义。他主张社会学应置身于生活世界中，对互为主体性的人们的微观互动过程进行研究，认识社会的结构、变化和性质。故他也把自己的现象学社会学称为"生活世界构成的现象学"。——译者注

> 公益让广告收益更大

我们的观点是，情境往往同时包含多个相关结构。虽然在某些情况下，我们可能会注意某些相关结构，而不是其他结构，在许多情况下，这些结构彼此相关。即使广告人关注到了公益工作的道德层面，他们的职业生涯也至关重要，就像广告人在工作中所获得（或不获得）的快乐和找到（或未找到）的意义一样。在某个特定时刻存在多少关联结构，以及某个关联结构在既定时刻是否位于中心的问题是经验问题，即关联结构没有预定理论。

一旦我们抛弃情境的单一结构，以多重关联结构的联系来思考，善之间的关系从理论角度而言就会变得更清晰，从经验方面而言也更有成效。这让我们能够看到情境如何承载嵌入的过去，如何关联多种可能的未来。不同的关联结构在能动者生活的不同方面，即时间和事件的延伸和发展，是不同的。例如，道德概念延伸到工作之外，跨情境地定义了能动者。不同的关联结构是抽象意义的扩展，因为广告人经常想象具体情境，用以与朋友和伴侣讲述。同样，为获得认可和广告大奖而努力奋斗不仅需要人们的掌声，需要时间，还需要将这种努力奋斗延伸到未来职业生涯中。不同的关联结构不仅指向了不同的方向，还指向了不同的时间线，指向了能动者生活中的其他时刻。

这些关联结构和时间性也可能发生重叠。首先他们涉及了不同善的边界概念。例如，劳动的存在关系将专业人员定义为特定类型的普通工匠，所以劳动者与劳动的存在关系主要位于专业领域。而在工作中，寻找意义成为道德行为（也就是说，在不同的

第八章
善的纠结与分离

情境中定义某人）。虽然很多人越来越难以找寻出其工作中的意义，但我们期望他们在工作中找到某种意义。我们认为，失败的意义应该更为广泛，失败是跨情境的失败。用本书的话来说，失败可以是道德失败。因此，寻找工作意义是工作内部的良好状态与工作外部的良好状态之间的润滑剂。

在很多时候，我们很难区分行为的关联结构。我们做出许多行为（大多数行为）并不会过于武断，即许多行为是经过了多次考虑（或临时考虑）之后做出的行动。我们的书会使广告人的职业生涯发生转变吗？这样的书将为我们自己的简历增色不少——或许能让我们获得职位晋升，或者可帮助我们找到一份终身职位。这本书也可能赋予我们工作的意义。但本书并非是关于如何获得职业认可的，而是一本关于工作意义的书。在职业生涯中，推进职业发展也许会与创作优秀作品发生冲突。通过引用某些有影响力的作者的作品，以模棱两可的方式叙述自己的观点希望以此讨好这些作者或加入"正确"的一派。还有很多其他更为复杂的例子。参与美国示威活动事关民主，是将其参与人员视为新的全球组织，还是视为违法活动的参与者？每一次行动都推动我们在多个方向前进。回到加布里埃尔·阿本德的妙语：在许多情况下，在不同背景假设下，引导善行的每种方式可能都截然不同。

重点不在于复杂的生活，所有行动都是过渡到结果的过程。这一点当然正确，在理论方面并不令人惊讶。关键在于理解本书中认为很重要的社会现象，即企业社会责任的一种特殊形式，需

> 公益让广告收益更大

要概述善之间的模式化的关系。因为对善的语法之间关系的分析本质上属于对情境中关联结构的重叠分析,所以我们需要注意情境模式和情境结构。

我们需要更仔细地思考认知主义中"文化"间的关系,即理解人们心中各种意义的类型,意义的类型是一种更为分散的文化概念。思考该问题的一种方式为,本书描述的善的语法是否比无偿工作更早出现,或者无偿工作与善的语法之间是否存在理论关系,是否存在时间关系。本书相信,在某种意义上,善的语法早于善的行为。为了唤起某些东西,首先需要某种东西存在,才可唤起某种行为。关于工作意义的词汇,关于帮助遥远苦难的道德词汇,以及"取得事业成功"的词汇都是在历史过程中出现的,在本书所描述广告界之外的领域辨识度更高。也就是说,道德词汇并非无中生有。

在20世纪90年代企业社会责任兴起之前,广告人就在寻找做公益的机会。尽管有了美国广告委员会,但根本没有证据可表明,广告人在积极寻找机会做公益工作。但一旦有了企业社会责任,公益工作就出现了,企业社会责任成了善的语法,并"等待"善的到来。从该意义而言,在特定节点会出现善的语法,人们或多或少会引用这样的意义。用吉布森的话来说,善的语法支持并塑造可能的理解和可能的行动。关键理论联系结构化了紧急情况下可能存在的语法和现有语法之间的相互作用。从该意义而言,情境不是简单的附加特征,善的语法也是情境化的。

第八章
善的纠结与分离

因此，公益工作的情境会让人想起过去只存在于潜在情境中的不同的善的语法，然而，公益工作的情境内容不止这些。情境构成的挑战，以及情境唤起的语法建立起了本书所描述的善的纠结和分离的过程。这些挑战也促使广告人和经理人寻求特定的"解决方案"，即引导善的方式本身就是模式化的。这就是为什么通过策划、充满激情的语言以及向结果主义道德意义的转变，先发制人化解善之间潜在纠结关系的方式如此重要。这些模式并不构成专有技术，而是通过广告人在网络中传播或以独特文化进行传播。善的语法总是反复出现在实际问题的创造性解决方案中。因此，情境是召唤可行的善的语法的前提，定位善之间的关系，并将能动者推向模式化路线，用来引导他们自己。思考多重关联结构及其在情境中的联系既挑战了理论，也挑战了实践方法。当然，本书在实践方法和理论方面所做的远远不完美，但我们相信这些模式的大致轮廓是成立的。尽管如此，本书仍然无法追踪的一件事是，因为依赖于采访，在实际情况下，我们不清楚微小的变化如何改变关联结构。也就是说，总是可能存在不同层次的分析把不同情境中的善实际组织起来，唤起关联结构的某个配置。追踪微小的情境变化如何重新组织关联结构的配置，这是最好的人种学研究。我们希望这样的工作未来会得到重视。

广告领域和公益工作之间存在契合，这样的契合是一种社会责任实践。这种契合可以从两方面考虑。首先，契合是非常私人化的事情。在工作需要有意义的时代，公益工作充满意义，人

公益让广告收益更大

们从事一份工作时，会间歇性地为自己对世界产生的（或未产生的）影响感到不安，而公益工作让他们拥有了一种不同的道德自我。其次，对于那些渴望得到认可的人来说，公益性工作提供了新途径，让他们得以从事神圣事业，受人认可。这是公益工作与广告领域之间存在契合的表现。

然而，这种存在性契合只是一方面。存在性契合的前提是情境结构构成组合，在多个层次的分析中得以运作。从组织结构而言，存在性契合之所以成为可能，是因为公益工作在吸取资源的同时允许管理者招聘并留住人才，并在某种安全情境下培训员工；在专业方面，公益工作允许人们挑战职业管辖边界，而这一点在广告人为商业客户服务过程中并不理想，令人沮丧；在实操层面，公益工作可以让广告人在广告公司内部奉献，让广告人在公司内部担任不同职责，或在不同广告公司间跳槽。虽然在这个时代，广告公司有可以履行企业社会责任的其他方式，但这种存在性契合意味着公益广告成为参与当代资本主义世界社会责任的一种"显而易见"的方式。

在本书所关注的工作情况以及社会生活之外思考企业社会责任工作与不同善之间的契合度，也同样存在模式化的经验。第一，如果公益工作是由纠结的不同的善所定义的，那么当广告从广告公司转向更广泛的公众宣传时，会发生什么？也就是说，定义广告工作的纠结的善和出现在公众宣传的工作内容之间的关系是什么？本书曾简短提到，但未展开说明，因为本书大部分数据

第八章
善的纠结与分离

都集中在广告工作。第二，如果本书所描述的纠结的善属于某种情境的属性，而不是其他情境的属性，那在公益工作制度化的其他领域中，比如法律业，引导企业社会责任的模式与广告业有何相似之处？其他企业社会责任工作的案例又与广告业有哪些相似性和不同性？

道德感、善的语法和公共领域

从结构而言，广告一直以来都会把品牌从企业幕后带进公众视野。虽然近期出现了一种更"外科手术式"广告的趋势，这种"外科手术式"广告针对的是特定微群体（甚至是个人），但广告从根本而言目的是在人们的生活中吸引他们的注意力。例如，想想在纽约中央车站为囚犯设计的公益广告装置，当通勤者从一个地方乘车到另一个地方时，就会遇到这种装置。大众在浏览网页或浏览社交媒体时，看到网络广告的概率越来越大，广告会或多或少地在公众间扩散。的确，尽管采取的广告方式和想达到的广告目的各不相同，但在传播这方面，广告业与新闻业相似：它们的传播取决于引导公众意识变化的能力。

我们应如何看待公众意识？我们发现公共领域中的两派思想之间的相互作用是富有成效的。一方面，阿里·阿杜特（Ari Adut）认为，在公共领域引导对话的能力是以创造权力为前提的，在公共场合发表理性的常规讲话，不如谈论那些可以吸引人们注意力的话题和戏剧化的表演。在这方面，公共领域——尤其是发生在公共场合的政治活动——与哈贝马斯①式的道德乌托邦相去甚远。出现在公共场合就会被人注视，对于任何公共领域的理论而言，这种可见性政治和美学都至关重要。然而另一方面，正如其他公共领域的学者所强调，公共领域也是道德化领域。公共领域"分布着离散的道德的'东西'"：行为、语法、责任和主张。

公众性和道德化之间的关系至关重要。虽然不是所有"公众性"都可以道德化，但大部分"公开性"可以道德化。正如杰弗里·亚历山大（Jeffrey Alexander）所指出的，从道德起源的世界进入"公众性"世界是道德的转变。从本质而言，公众领域属于道德领域，而道德性变广泛的过程，也就是亚历山大称之为"社会化"的过程，是充满道德的过程。

无论公众领域是否必须道德化，当善进入公众视线时都会发生转变。当受访者接受媒体采访时，当公益广告得到了足够的认可并被媒体报道时，道德语法就得到了净化。于是，公益工作摆脱本书所描述的混乱纠结的善的语法，道德话语甚至挣脱了结果主义的陷阱，回到了康德学派的纯粹结果。换句话说，虽然本书所描述的善的世界存在于多神论的世界，但世俗社会化的出现在

---

① 尤尔根·哈贝马斯，德国当代最重要的哲学家之一，是西方马克思主义法兰克福学派第二代的中坚人物，被称作"当代的黑格尔"。——译者注

第八章
善的纠结与分离

进入公众视野时，会伴随向一神论的转变。虽然这些广告被描述为优秀工作，但在创造性和审美意义上，优秀工作中意义之一的创造力消失了。

公益工作向公共领域转变的重要性体现在两个近似方面。首先，通过上述角度，可以更为清晰地思考视角和善的语法之间的关系。善的净化和道德升华的结果是，当善的净化和道德升华转移到公共领域时，如果我们忘记了这种转变形成之前的过去，就失去了理解失败的能力。因此，"I Sea"公益广告的例子，即拯救难民的应用程序具有启发意义。其次，如果你无法理解公益项目中如何纠结了不同的善，那么在应用程序测试阶段，在公益项目准备就绪，提交于戛纳国际创意之前，了解公益活动的唯一方法就是将公益活动分配到道德领域。如果只剩下道德，那么失败一定归于纯粹的道德失败。

因此，尽管其他善的语法被忽略了，但是认真对待公益工作可以思考在公共领域，不同善的语法的作用。关键点不在于只有当公益广告社会化时道德才会出现，而是从纠结的善的语法中剥去道德成分时，正是纠结的善的语法让公益工作起初如此引人注目，也正是纠结的善的语法成为道德进入公共领域的先决条件。当然，要真正理解这一点，我们需要进一步跟随社会化进程，但我们相信学者在公众领域可以发现并解决问题：关于善的净化过程，关于该善在过去所拥有的其他的意义引起的相关问题。

最后，如果各种情境包括了可能发生的未来，那么反之，未来可能包括的各种情境也是真实的。在公众领域，分离的善的语法可能被净化，善的净化与公益工作过程有关。现象学哲学导向术语一直存在于触手可及的公众领域的行动中。我们只能推测善的净化的重要性，因为本书数据无法充分追踪广告人如何与其所在广告公司之外的公益工作相互动。尽管如此，当广告人讲述时，我们仍可看到一些其他情境，广告人经常与朋友、家人和配偶谈论其所做的广告工作。在广告人谈论这些的时刻，他们突出了道德层面。尽管广告人掩盖了其他的善，但问题不在于掩盖其他的善。重点在于，在公众场合谈论公益广告意味着广告工作会将善的语法道德化，善被净化。对于那些经常被批评为不道德，甚至被污名化的广告人而言，善的语法仅限于道德方面。

广告界之外：比较视角中的企业社会责任与善行

关注情境变化以及善在情境中纠结和分离的模式，可以让我们进一步理解，当公益工作转向公众领域时，当公益工作情境发生彻底变化时，会发生哪些事情。情境的变化可以证明情境是生成性的。在更广泛的当代资本世界中，公益广告只是企业社会责任中的一个实例。如果我们可以发现在情境变化和公司组织能动性变化间隙出现的模式，那在不同的领域，这些模式如何变化？

为理解情境变化，需回顾本书情境分析的两个基础。首先，

第八章
善的纠结与分离

我们把企业社会责任看作实际工作，这份实际工作关注的是如何分配实际工作人员和如何实施公益工作，并关注在企业社会责任工作中存在的挑战和吸引力。这让我们对广告领域和公益工作之间的存在性契合和结构性契合有了一些了解。那么，如何将本书所述方法运用至其他领域？若运用至其他领域，契合度会发生变化吗？在其他领域，是否存在更适合的企业社会责任的方面？在这些领域是否会发生不同善之间的纠结？当然，我们的回答很简单，在大多数情况下，答案无从得知。虽然有大量关于企业社会责任的研究，但这些研究并没有将重点放在实施企业社会责任的能动者的视角，而是关注于更宏观的决定因素，比如历史角度，或者是从事公益工作的经理人和劳动者的个人道德价值观角度。

一些研究文献来自法律领域，从企业社会责任实践来看，法律领域的无偿服务可能最接近公益广告服务。"无偿服务"一词最初出现在法律领域，并且在法律领域无偿也显得更为突出，在法律领域，无偿服务已被深度制度化。纽约律师协会将公益服务定义成：为政府或实体提供公共服务或工作。

> 无偿协助以下个人和组织并为其提供法律服务：
> ①收入有限的人；
> ②非营利组织；
> ③寻求保护或希望诉诸司法的个人、团体或组织，包括但不限于对公民权利、公民自由或公共权利的保护。

> 公益让广告收益更大

事实上,在法律领域,无偿服务已经深深地制度化,在美国纽约州,无偿法律服务已经成为义务服务。事实上,自2015年以来,律师要获得纽约州律师资格,需证明他们首先已提供了至少50小时的无偿法律服务。另外还有8个州的律师每年都有义务报告他们无偿法律服务的进行情况,这样的规定明显是为鼓励此类无偿法律服务的开展。

义务性无偿法律服务的建立揭示了法律人应当开展无偿服务这一基本原则。法律人进行无偿法律工作是道德的,甚至针对无偿法律服务的反对意见也聚焦在道德上,后者声称无偿法律服务可能会导致人们对无偿工作冷嘲热讽,而不是遵循律师们更纯粹的道德动机。但即使在反对文件中,也出现了其他善的迹象。

在无偿法律服务的文献中,"通过做好事而行善"的总结随处可见。正如本书中关于经理人策划公益广告一样,虽然公益工作会消耗资源,但对组织来说,资源的消耗并非负担,甚至会带来益处。在企业高管发掘潜在新员工时,公益工作成为他们招揽人才,留住人才的工具,同时也为律师事务所的初级律师提供了"实践培训"的机会。

研究无偿服务的法律学者与我们的发现惊人相似。法律学者卡明斯(Cummings)和罗德(Rhode)指出,"尽管律师事务所会根据客户需求,为非营利组织提供无偿服务,但调查数据表明,在选择案件时,他们的关键考虑因素在于案件是否会吸引律所合伙人以及该法律案件能否为新人律师提供良好培训。他们(比

第八章
善的纠结与分离

如律师）找到自己的兴趣点，并将兴趣点与实际情况相匹配。"正如广告界一样，经理（或高级合伙人）需要提前预测真正从事并对此感兴趣的工作者的道德承诺和善的选择。此外，工作者不仅要平衡道德的善与组织要求的"优秀工作"的问题，而且作为劳动过程的无偿工作本身就很重要。律师在律师事务所工作的主题和参与度方面和与公益客户合作的实际经历往往大不相同。正如一位法律社会学家参考调查数据时指出："在和人相关的领域，大型律师事务所的律师提供无偿法律服务可获得更多好处，这可能表明一种趋势，即大公司律师与客户接触很少，在大多数情况下，提供无偿法律服务的律师可能少有机会从头到尾跟进案件，因为大型律师事务所的许多工作都是处理案件的零碎部分。"

虽然法律业在专业方面可能不像广告业那样千头万绪，但所有律师都会负责某一案件的不同方面，并非全权负责整个案件。因此，从职业角度而言，在广告业，公益工作富有吸引力；在法律领域，公益工作也是如此：律师可以接管整个工作，从头到尾追踪案件始终。正如其他研究者称，这最终为有志成为高管和合作伙伴之人提供了有趣且令人满意的工作，弥补在大型律师事务所工作过程中许多不尽如人意的方面。

与广告业类似，公益工作可以使律师个人和律师事务所获得业界认可。律师逐渐把参与过的法律公益案件放在个人简介网站上，以此展示其能力。此外，无偿法律服务的制度化还产生了无偿律师的职位，该职位负责在大型公司内部组织并负责分配无偿

公益让广告收益更大

法律工作。因此,无偿律师本身就有职业流动性,它成为律师在律师事务所进入新专业领域的途径之一。研究者注意到,在公司层面,公益工作如何成为使律师脱颖而出的工具,成为律师获得律师事务所精英地位的方式,这是组织层面的炫耀性消耗,以此展示了公司价值,同时也表明公司有能力把时间花在那些不会立刻产生经济效益的项目上。

简言之,当前美国法律界的善的纠结与广告界的善的纠结有着惊人的相似之处。仔细聆听律师的言辞,可以听到道德语法与有关有意义工作叙述的彼此交织,可以谈论到关于获得认可和对于职业生涯的观念与公司组织目标相纠结。

问题不仅在于"其他地方也存在这种情况",因为善的纠结不可避免,而且在于本书所提出的方法可以作为比较和衡量其他案例的标准。对于公益服务的不同形式而言,制度化的作用是什么?对公益服务含义的解读如何影响善的纠结方式?不同职业结构——不同的管辖权界线——之间有何关系?法律不是围绕获得奖项而进行的,这一点重要吗?虽然在法律界和广告界可以看到善混杂在一起,但是法律可让一些案例角度更加多变,而不局限于构成因素角度。

长远来看,从企业社会责任普遍存在的公益工作到其他领域的公益工作,可选择的经验更少。企业实践着企业社会责任,并对此做出意义研究,但目前还没有人对企业社会责任实际工作进行研究。虽然有人呼吁关注企业社会责任的叙述和实践,但这些

第八章
善的纠结与分离

都是目标,存在某种目的的宣称,而不存在于持续进行的实践项目中。

我们在其他领域的公开数据中可以发现善的纠结和一些相关变化的线索。在制药公司和其企业社会责任项目中可以看到其他的善。这样的项目往往是为在较贫穷和供应不足地区增加当地人们获得卫生保健的机会,对监督这些工作的经理人进行的采访可说明此问题。在一次采访德国生物科技公司默克公司(Merck KGaA)高管时,他提到一个名为桑巴夫(Sambhav)的企业社会责任项目:

> 在印度,有近1500万丙型肝炎病毒(HCV)感染者需要治疗,其中70%生活在农村。现金流是个问题,这阻碍了患者进行治疗,属于治疗成本问题,需要对此进行管理。桑巴夫项目为那些保险范围有限的患者或没有保险的患者提供药物Pegintron(默克公司的丙肝药物之一)。通过一个创新微型融资项目,患者有了无息无抵押贷款,以支付他们在一段时间内的药物费用,该微型融资使他们(患者)能够在较长一段时间内负担得起治疗成本,获得药物。桑巴夫项目解决了重要的社会需求,同时也让德国默克公司在以前没有市场的地方创造了市场。

正如这篇采访中的内容所表明,这个项目是一个道德使

公益让广告收益更大

命——让需要的患者负担得起药物。不过，这一使命还得到了另一使命的补充：桑巴夫项目还为德国默克公司开拓了市场。再次强调，这是通过做好事而获得的成功。然而，参与桑巴夫项目的人是如何看待此项目的呢？这也是员工展示自己解决问题的能力，在公司中进步的一种方式吗？从职业方面而言，开拓新市场的工作是有趣的工作吗？

再举一个采访的例子，美国生物制药公司辉瑞公司（Pfizer）的一位高管谈到了该公司在撒哈拉以南非洲地区的企业社会责任事业："我们忽视了热带病存在的现状，同时这也是现实问题。我们正取得进展，而且我们可以做得更好。"在有着如埃博拉病毒和新冠病毒的传染病时代，在道德方面和职业方面，从业者会把自己看作是在重要领域解决重大问题的工作人员吗？

在其他领域，如大型石油公司，企业社会责任通常以保护自然和投资"清洁"能源的形式体现出来。造成气候恶化的公司会开发可再生项目，即在非洲的一个村庄进行小规模节能减排，或者在开发深海石油的同时拯救一片森林。这些人的想法是什么？我们在与负责大型石油公司企业社会责任工作人员的交谈过程中，发现科学发挥的重大作用，即绿色未来的作用，能源公司意识到，即使他们阻挠和拖延，绿色未来仍会到来。企业的社会责任工作是企业的新前沿。

由于缺乏更有效的数据，制药公司和大型石油公司的企业社会责任是模糊的。在决定承担企业社会责任过程中，未来行业的角色是什么？随着世界逐渐转向可再生能源，企业社会责任同时也可以被理解为是立足于能源业务的未来。与广告界的工作不同，其他行业的企业社会责任可能是瞬息万变的世界中的关键问题。企业社会责任领域的善是否没那么纠结？在这些案例中，企业社会责任之所以不那么吸引人，是否正是因为企业社会责任领域负担不起本书所描述的善的纠结？

在企业社会责任实际发生的世界，善的纠结和分离发挥着至关重要的作用。

善之引导与实际企业社会责任

对于善的研究意味着什么？从理论而言，本书精心设计的访谈证明，通过人们的语言对善进行思考是有用的。为理解本书概述的善之纠结、善之挑战和善之引导，需要从意义内涵角度进行思考，而不是特定文化元素的战略化使用，这些善的语言之间的关系并非预先设定。善以不同方式纠结和分离，因此，本书呼吁加深对情境概念的理解以及理解情境关联结构、情境层次和情境时效，并对以事实为依据的经验主义的社会学加深理解，相比更易做出假设的研究善的社会学家，研究经验主义的社会学家所做的假设更少。

这种方法同样意味着善必须在不同的分析层次间移动——从

> 公益让广告收益更大

专业层次到组织层次,从跨领域分析道德到跨情境分析道德。如果要理解不同善的出现方式和影响方式,就必须让行为者用多种多样的分层方式进行分析。多样的分析方式还可以看到行为者在见证不同善的语言时纠结和分离善的模式化方式。

模式化的引导方式是努力维持企业社会责任实际行为的重要组成部分。如果不描述企业社会责任的实际工作,就留下了未打开的黑盒子。人们需要完成企业社会责任(正如本书所示的广告业),企业社会责任的工作通常引人注目。如果不理解这些现实情况、善的纠结关系和诱惑,就很难解释在特定领域中,特定类型的企业社会责任工作是如何完成的。

聚焦企业社会责任的实际工作也让我们看到广告领域在当前公益服务结构中的局限和机遇。总体而言,本书受访者对其工作投入了道德感。在做公益广告时,广告人经常在晚上和周末加班,广告人为自己能够运用专业技能,为其能关心公益事业而感到自豪。广告人想做有趣工作,喜欢公益广告中的劳动元素,想让其事业腾飞,但道德语法在其中至关重要。虽然从系统层面而言,正如本书受访者所说,企业社会责任就像"给猪涂口红",但公益广告服务在广告行业之所以能发挥如此大的作用,恰恰是因为公益广告与广告人的生存挑战和渴望相契合。在有限的范围内进行无偿服务确实做了善事。虽然广告衡量问题常常令人烦恼,但公益广告在公众领域(至少在一段时间内)可以让资源大量聚焦并以此设法吸引公众注意,促使人们行动起来。

第八章
善的纠结与分离

公益广告事业往往是广告人在其中投入大量精力的，甚至是广告人认为当前"热门"并将获得关注的事业。因此，从宏观结构而言，公益广告服务并非解决全世界所有弊病的可行方法，解决各种弊病并非公益广告的重点。毫无疑问，向美国广告委员会此类组织投资更多的钱，实现广告人所描述的善是好事，但这并不能解决问题。

如果在当下这个时代理解当代资本主义的企业社会责任，那么我们需要理解广告人如何实践其企业社会责任，包括理解广告人在感到无聊的时刻、兴奋的时刻时如何在多种善和善的结构中引导自己，道德如何与多种其他类型的善纠结在一起。简言之，在不回到简单的追名逐利的前提下，我们需要仔细地追踪道德行为如何依赖于这种善的纠结和善的引导。

尾 声

方法说明

公益让广告收益更大

本书的主要内容基于对纽约广告业的73位经理人和广告人的采访——从负责广告文本撰写和视觉表达的广告策划人和广告创意人到客户经理,再到中层管理人员和首席执行官。为了追踪广告公司处于不同职位的负责公益客户的人员,我们采访了18位高级经理,24位中层经理以及31位基层广告人。从34家广告公司抽样受访者,得到了108份关于不同公益广告活动的详细叙述。

为了构建本书的采访样本,我们确定了纽约所有的大型广告公司,除此之外,样本还包括广告行业中以各种指标进行排列的名单中的"前100家广告公司"。这为本书提供了一份成功的广告公司名单,本书在此基础上对广告公司规模进行规划。本书最终将样本分为以下几类:雇员人数为11～50人的精品广告公司,雇员人数为51～200人的小型广告公司,雇员人数为201～1000人的中型广告公司,雇员人数为1001～10000人的大型广告公司,以及雇员超过1万人的大型跨国广告公司。

在对广告经理人的采访样本中,男性比例很大——13位男性高层经理和5位女性高层经理,24位中层经理人中只有3位女性中层经理。在本书采访的31位基层广告人中,17位是男性,14位是女性。这在很大程度上反映了广告业的普遍情况,在美国广告公司中,女性创意人只占创意人的28%,经理人的比例则更低。此外,除了少数例外,采访样本中,白人占绝大多数,这再次反映了在广告业,广告创意人和广告经理人仍以白人为主。性

尾 声
方法说明

别和种族虽然很重要,但在本书研究中并未证明性别和种族是重要的差异来源,而女性受访者更倾向于谈论女权主义事业,如工资平等和生育权利。

正如本书所指出,公益广告项目可通过多种途径进入广告公司。普通广告人通常先关注公益事业,然后再启动公益项目,随后寻找公益组织进行合作(雇员人数:$n = 11$)。广告人有时会通过现有个人关系或与特定公益组织的联系将公益广告工作带到广告公司(雇员人数:$n = 17$)。在其他例子中,广告人采取了更为开创性的方法,他们首先提出一个广告创意,然后向其认为合适的公益组织推销(雇员人数:$n = 12$)。还有一些公益项目的机会是自上而下出现的:要么通过广告委员会(雇员人数:$n = 12$),要么通过公司经理人个人关系或专业关系(雇员人数:$n = 20$),要么是公益组织通过普通渠道要求提供公益广告服务(雇员人数:$n = 9$)。虽然我们试图确定这些公益项目是如何联系到不同广告公司的,但我们对此一无所获,尤其在其中 1/4 的公益广告项目(雇员人数:$n = 27$)中,受访者实际并不知道其从事的公益广告活动是如何联系到公司的(见表1)。

公益让广告收益更大

表1 广告公司规模和受访者职业

广告公司规模 （雇员人数） (n=34)	高层管理 首席执行官/创始人/合伙人	中层管理	广告人 （广告创意人， 广告策划人和 客户经理）
精品广告公司 11～50人 (n=8)	9	1	4
小型广告公司 51～200人 (n=8)	5	4	7
中型广告公司 201～1000人 (n=4)	3	9	13
大型广告公司 超过1001～10000人 (n=4)	无	6	4
超大型广告公司 超过10000人 (n=4)	1	4	3
总计	18	24	31

注：考虑到广告公司规模，精品广告公司的首席执行官通常也是其合伙人和创始人，精品广告公司的首席执行官密切参与广告创造性工作，精品广告公司少有中层管理人，因此，鉴于高层管理人直接参与了广告工作，本书对精品广告公司非管理岗位的广告人进行抽样调查。

由于本书数据由叙事产生，因此既有可能在采访中出现先入为主的偏见，也使得本书在单个采访中获取情境变化带来影响的能力受到质疑。本书虽然可依靠一些人种学观察（这一点很好），

尾声
方法说明

但这不能免除本书对基于叙述进行推理而产生的偏见和错误等问题。虽然这些问题仍然存在于任何以采访为基础进行的研究中，但是本书笔者认为，这些问题可以通过设计采访问题的方式以及分析和写作的方式来解决。首先，在大多数情况下，我们在每个广告公司中采访的人不止一个，我们将对高层经理人的采访与对中层经理人或基层广告人的采访分别进行分析，即三角定位分析。更重要的是，本书是关于我们与受访者交流并听取他们在访谈中出现的对不同的善的语法的理解和定义方式。这加强了本书对访谈的设计能力与访谈的有效性，减少了本书分析能力被叙事形式削弱的风险。当本书笔者从访谈的一种语境中推断出另一种语境时，就不会过于担心情境压力是否会彻底改变本书所讲的内容。正如理查德·拉皮尔（Richard LaPiere）所说，相比其他情况，当出现象征性时刻（例如投票时刻）时，采访与现实生活状况之间的相关性会更强。

在本书大多数章节中，访谈模式并不是唯一的推理模式，甚至不是核心的推理模式。本书想强调的是一种不同的推理模式：这种推理模式从谈话出发，再到对谈话的推理，而不是从谈话到行动的推理。重要的不是公益客户的言论，而是我们在采访中听到的话语结构和语法是广告界的常见交谈方式。本书所描述的善的语法让人们得以理解不同的善，理解彼此的行为方式。

此外，我们还应该指出本书采访样本中的局限性。第一，所有的广告公司都位于美国纽约市。虽然其中许多较大广告公司属

> 公益让广告收益更大

于全球性广告公司,但是经理人和广告人常表示,他们在到达纽约市之前所做的公益广告项目(无论是在美国其他地方,还是在欧洲),与纽约的政治、经济和文化是不同的,可能存在不同的善的语法结构。第二,因为本书抽样调查了一些知名度较高的广告公司,所以知名度较低的广告公司很可能会以本书未列出的方式开展公益广告工作,例如,知名度较低的广告公司会通过支持新品牌来吸引客户。第三,由于本书选取从事公益广告工作的经理人和广告人作为受访者样本,所以本书样本偏向于成功案例,因为本书并未对那些一直未能做成公益广告工作的广告人进行采访。